ASD・知的障害のある人の包括的支援

児童期から成人期の支援に携わる方に

是枝喜代治・蒲生としえ 編著

野崎秀次・伊藤　浩　共著
滝島真優・遠藤　剛

川島書店

は　じ　め　に

　近年，知的障害を主な対象とする障害者支援施設（入所および通所）では，利用者の障害の重度・重複化，多様化が進み，入所系の成人施設においては，利用者の高齢化に伴う医療的ケアや看取り対応の必要性など，時勢に応じたさまざまな課題が生じてきている。特に，行動上の問題（自傷，他害，パニックなど）を抱えることの多い自閉スペクトラム症（以下，ASD）児者への対応や，幼少期から虐待やネグレクトを受けてきた障害当事者への対応，さらには逆境的小児期体験を経験してきた児者や家族に対する対応など，さまざまな環境下にいる当事者および家族（きょうだい児を含む）への相談や支援を包括的に検討していくことが求められている。

　他方，施設・事業所運営や支援者側の視点で考えると，近年のコロナ禍に伴う雇用状況や産業構造の大幅な変化なども影響し，これまでに ASD を含めた知的障害のある方々と関わった経験が少ない，あるいはそうした経験が全くない支援者が障害者福祉の職場に入職している状況が認められる。こうした状況から，各施設や事業所では経験が比較的浅い職員に対する所内研修をどのように企画し，どのような内容を提供していけば良いのか，さらには利用者個々人の障害特性の理解や，具体的な支援方法，関わり方のノウハウなどを，如何にして実践的に伝達・継承していくかが喫緊の課題となっている。

　現在，障害者支援施設では利用者個々人の障害の特性や状態に応じて，「サービス等利用計画」や「個別支援計画」が作成され，継続的で包括的な支援が展開されている。一方で，就学前段階の障害児の支援に目を向けると，幼稚園・保育所や障害児通園施設などから特別支援学校や特別支援学級に移行する際に，児童の情報等が上手く伝達されず，適切な移行支援（保幼小連携など）が展開しにくい状況などが散見されている。同様に，心理的・情緒的な問題が生じや

すい思春期・成人期にかけては，学校間（特別支援学級から特別支援学校への移行など）の移行の際に，それまで蓄積されてきた指導内容・配慮事項などを，「個別支援計画」に基づいて移行先の機関でも継続的に提供していく"一貫性のある支援体制を構築すること"の重要性が指摘されている。そのためには，学校を含めた関係諸機関が face to face の顔の見える連携を進め，関係する多職種が協働していく仕組みを構築することが不可欠となる。

　前述した ASD 児者等が示す行動上の問題に関しては，さまざまな捉え方がなされているが，個々の利用者への配慮と合わせて，成育歴や施設・事業所等における生活スタイル，人的・物的環境の要因なども多分に影響を及ぼしていると考えられる。ASD 児者等の問題行動の見取りや具体的な支援・配慮事項に関しては，長年の経験に基づくノウハウ等が不可欠となるため，各施設や事業所においては，これまでに蓄積されてきた問題行動の見取りや，具体的な対応の在り方などをどのように整理して伝達していくかが直近の課題として考えられる。

　こうした状況を鑑み，今回，とくに児童期から成人期に至るまでの知的障害や ASD のある人たちの支援に携わる方々の参考になればと考え，障害児者福祉現場の支援者，関係者，さらには保護者や家族の方々にも学んでいただきたい，知っていただきたい基礎的な事項や内容などを集約したテキストを作成することとした。

　本書では，基礎的で幅広い内容を紹介できるよう，長年にわたり知的障害や ASD 児者の相談，支援，診断に関わってきた方々に原稿を依頼する形とした。第 1 章は野崎秀次さんに，各障害特性等について医療現場の立場から執筆いただいた。第 2 章は編者の是枝が学齢期を中心とする教育現場における支援の在り方についてまとめた。第 3 章は伊藤　浩さんに，入所施設における支援の在り方や ASD 児者の問題行動への対応について執筆いただいた。第 4 章は滝島真優さんに，障害児者のきょうだい児や家族支援の在り方について包括的にまとめていただいた。第 5 章は編者の蒲生が地域連携の望ましい在り方について，障害児者支援に携わる関係者（三河直樹さん，中村三美さん，高橋洋子さん，

石本由実子さん）の生の声を座談会形式で集約した。第 6 章は障害児者福祉現場における多職種連携・協働について遠藤 剛さんに執筆いただいた。第 7 章は編者の蒲生が障害児者の逆境体験や研修の在り方などについてまとめた。

　本書は，知的障害や ASD 児者の支援に携わる実践者の方々の現場での支援，施設・事業所等における所内研修のテキスト，大学・短大等での参考図書としても役立つ内容であると確信している。是非，手に取ってご一読いただけたら幸いである。

　なお，「解説」のご執筆をいただいた髙山和彦さん，本書の企画から出版に至るまで，多大なご尽力をいただいた川島書店社長の中村裕二さん，辛抱強く編集作業の実務をご担当いただいた編集部の杉 秀明さんに対し，心より感謝申し上げます。

　　2023 年 7 月

　　　　　　　　　　　　　　　　　　　　　　　　　　　　編　者

目　　次

第1章　知的障害／発達障害と医療の関わり
――胎生期から成人に至るまで――

　私たち誰もが体験する，体調を崩して病院に行くといった診療とは異なり，知的障害／発達障害ならではの医療の役割は，年齢により多岐にわたる。本章では，知的障害／発達障害理解のための総説および，各世代の医療の関わりを概説する。実際の支援では，すべての分野が連携した環境設定を創り出すことが第一であり，そのことが適切な実践の第一歩となる。2000年以降，世界保健機関（World Health Organization）は，総じて"知的障害や発達障害への医療の関わりは，取り巻く環境の平等な整備に繋げることが第一"であり，2009年4月よりの世界自閉症啓発デイの制定等も経て，強調されてきている*1。医療は，異なる点もある地域性を考慮し，誰もが共に生きる環境形成への努力と，心身両面での必要な行為を担う。今回，本章を通じ，医療は，"精神科が薬を出すだけ，というものではない"という本来の在り方への全ての職種の理解に繋がることを願う。

　また，本章では，随時，"行動障害"，"虐待事象"にも，各節で触れる。なお，早期療育等や各職種の支援の実際は，第2章以下の各章で理解を深められたい。

第1節　知的障害／発達障害の定義・原因

1. 知的障害・精神遅滞・境界域（グレイゾーン）とは
「知的障害」という言葉は，"教育・心理学，福祉分野や行政の各制度等"で，

主に使われる。定義としては，①知的機能の制約（日常必要な読み書き・計算等での不便），②社会生活での適応行動の制約（集団活動の際の思考やルール理解困難等），③発達期（主に 18 歳未満まで）に生じるもので，成人期の知的機能低下や認知症は含まない，の 3 点と考えられたい。過去，「精神薄弱」を用いたが，1998 年 9 月の福祉関連法改正後，順次，「知的障害」*2 となった。

　一方，「精神遅滞（Mental Retardation）：以下，MR」は，総じて医学用語と考えると理解しやすい。医学分野でも，精神薄弱から，現在は MR を表記することが多い。なお，米国精神医学会を中心に「知的発達症（Intellectual Disabilities）」という標記への置き換わりが，進みつつある*3。

　診断定義の上で「知能指数（Intelligence Quotient：以下，IQ）」が 70 以下という基準はなくなっている。経緯は省略するが，IQ が，文頭①の評価が主となる検査の結果であり，現在は，適応行動尺度評価（一例は「Vineland-Ⅱ適応行動尺度」等）*4 を用いた，②の尺度が必要とされ，実際の日常生活での困難さの有無が，診断の上で必要となるためと理解されたい。こうした流れの中で，支援の場において，支援側の評価と個人の希望の双方向性が配慮され具体的な詳細からなる「国際生活機能分類（ICF: International Classification of Functioning）」が，具体的な支援を考える際には，重視されてきており，各分野に拡がっている。別途詳細を学習されたい*5。

　一方で，学習環境選択，療育手帳の交付，給付金や年金受給等の手続きに，IQ 結果が必要な現状にある。IQ 結果から，MR は，51 〜 70 以下：軽度，36 〜 50：中等度，21 〜 35：重度，20 以下：最重度とされる。なお，「境界域（グレイゾーン）」という方の IQ は，概ね 71 〜 85 にあり，種々の日常生活の困難があっても，現行の福祉制度下の支援が困難なことが課題となっている。

2. 発達障害とは

　発達障害という言葉が，日常的に使われる今日，まずは『発達障害』の正しい理解が必要である。1. で述べた知的障害・精神遅滞の考え方と同様に，『発達障害』も教育・心理・福祉関係での総称と捉えていただきたい。医学的な診

断名においては，発達障害は，以下の 1）～ 5）等といった幅広い細かい診断名とすることを目指すが，それぞれの児童の個性で，定型的な診断が困難な場合も多く，非定型の発達障害等，とすることも少なくない。なお，2013 年以降，精神疾患の分類標記では神経発達症（Developmental Disorders）となった[*6]。

　1980 年代初頭，知的な遅れのない行動の偏りの相談に対し，医療は対応が困難であったが，時代を経て，発達障害が以下，主に 5 つの分類等に集約された。

1）注意欠陥多動症（Attention Deficit Hyperactivity Disorders：以下，ADHD）

　不注意性が優位なタイプ（物忘れ，片付けなどが困難，複数の課題が不得意等）と，多動性・衝動性が優位なタイプ（各生活場面等で，課題に集中できず，動き回る多動等があり，注意等で衝動的になる）あるいは両面を併せ持っているタイプ，などに概ね分けられる。12 歳までに，複数の環境（例えば家庭と学校）で，この特性の表出が確認される必要がある。

2）自閉スペクトラム症（Autistic Spectrum Disorders：以下，ASD）

　①社会的関係構築の難しさ，②コミュニケーション困難，③興味・関心の限局さ・偏り・固執から離脱の困難さ，④感覚（刺激）の過敏さ，または鈍感さ（多いのは聴覚過敏，痛覚には敏感でない）などが特徴と定義される。

3）学習障害（（Learning Disorders：以下，LD）

　書字障害，読字障害，算数障害などの主に 3 つのタイプがあるが，厚生労働省の指針では，話すこと・聞くことの理解が不得意なもの等が含まれる。

4）発達性協調運動障害（Developmental Coordination Disorder：以下，DCD）

　知的にも，基本的な運動発達が正常であっても，細かい手先をつかった作業や，体全体を使う協調運動に困難があるものとされる。

5）チック症，トウレット症候群[*6]　吃音症など

　発達障害は，それぞれが，連続性を持つこと（スペクトラム）の理解が大切である。かつて知的障害のない自閉症として，アスペルガー症候群や高機能自閉などの表現が使われたが，個々の方で知的には正常から重度までの幅のある

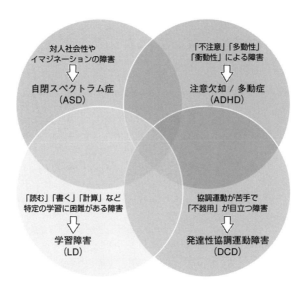

図 1-1　発達障害の分類と交差

(昭和大学精神科：岩波明先生の図引用)*7

合併があり，スペクトラム表現にたどり着いたと考えられたい。ASD も定型から非定型までの幅がある。同時に図 1-1 に示すように各特性は重なり合う*7。

　当初にのべた知的障害を軸に診断する際にも，特に ASD 特性や ADHD 特性などが，同様の幅を持った形で併存することは，臨床上多く体験する。

3. 知的障害の原因となりうる疾病，病態

1) 胎生期（母体にあって出生前）の原因

・先天性代謝異常症——体に必要な種々の栄養物が，適切に吸収・分解・排出できないため，不足あるいは過剰蓄積してしまうもの（フェニルケトン尿症など）。

・染色体異常症（ダウン，プラダーウィリ，コルネリア・デ・ランゲ症など）

・神経皮膚症候群（神経線維腫症・結節性硬化症・スタージ・ウエバー症な

ど）

・母体に不適切な薬物の服用（抗てんかん薬のヒダントイン，薬物中毒等）

・母体の妊娠中の感染症（風疹・サイトメガロウイルス感染症など）

これらは知的障害だけでなく，顔貌の特性，種々の身体障害や体表奇形・皮膚所見，あるいは小頭症・心臓異常等，各臓器異常を併せ持つことがある。

2）出産時の原因

早産未熟児，新生児仮死（出生時の呼吸や心拍が弱い等）で生じうる低酸素や血流不足による脳障害，出産時の頭蓋内血種による脳圧迫，遷延する呼吸障害，などがある。重症な時に，高度な知的・身体的後遺症を残すことがある。

3）乳幼児期の原因

ウイルスや細菌の感染症としての，脳炎・髄膜炎など，中枢神経系に影響が及んだ感染症が代表的である。急性脳症（原因の特定できない脳の炎症）も少なくない。またこの時期の感染症後や，2)ののちに発症することも多い，生後4か月から36か月での難治性てんかん（点頭てんかんやレノックス・ガストー症候群）がある（注：てんかんの分類の詳細は述べないが，この2つのてんかん名は乳児期に発症し，しばしば治療に反応しにくく，知的予後に影響する）[8]。

感染症においては急性期の重症度が，そして，てんかん性疾患はその治療経過が知的予後に大きく影響する。

4）その他

極端な栄養障害や劣悪な環境での生育が要因となることも稀にある。

4．発達障害の原因

知的障害をもつ児が，前述した原因の中で，種々の発達障害特性を併せもつことがあるが，知的障害の有無とは別に，発達障害自体の原因ついては，今なお，明確ではない。種々の研究報告[9,10]があるが，一定の共通の原因特定には至っていない。現時点では，『遺伝的要因が大きいが，状態の発現は，妊娠中を含む環境要因によって形作られる』と理解されたい。子育て環境や，種々

のワクチン接種等のみを原因として，後天的に発症するものではないことに，注意が必要である。

5. 学習障害（限局性学習症，LD）の原因

　原因については，発達障害全般について，4. で述べた。全般的な知的発達に遅れはないものの書字や計算力など学習面での偏った能力の障害を指す LD は，『その技能に特異的な発達障害』であるため，気づかれにくく学習機会が増える学校などの段階で，初めて診断されることが稀でない。

第2節　社会資源から支援を受けるために求められる医療の対応（医師意見書等）

1. はじめに

　本節では，障害児（者）が各年齢で，教育・行政・福祉サービスあるいは種々の手当等の給付を受ける際に必要な医師診断書（意見書）について述べる。医師がさまざまな診断書を求められる時，ICD（International Statistical Classification of Diseases and Related Health Problem：国際疾病分類）[11] のコード番号（精神疾病は F コードで，例えば ASD は F84.0 など）の記載が必須となる。統計上の必要事項であるためのものだが，支援の場での関連は少ないため，詳細は触れない。

2. 幼児期（特別児童扶養手当等診断書）

　知的障害・発達障害のいずれも，その診断がなされた後，児の状態に応じ，18 歳という年齢までは，主たる養育者が受け取ることの出来うる『特別児童扶養手当』（月額 1 級：52,400 円，2 級 34,900 円——2021 年 4 月現在）がある[12]が，受給に際しては，養育困難さの状態による判断と養育者の年収による条件があり，その上で，小児科医等による認定診断書（知的障害・精神の障害用）が必要となる（児童施設に入所している場合には受給されない）。

3.　就学前の時期から学童期（教育現場への診断書の必要性）

　就学にあたって障害名や医学的診断名等について，医療から学校に提出すべき文書の定めはない。ただし，「学校生活中に制限を要するものがある場合（心臓病での運動制限など），本人説明の後『学校生活管理指導票』を提出する」*13。

　次に，日常的な服薬がある場合や，てんかん発作時などの座薬の挿入などの指示の必要な場合は，各自治体で書式は異なるが，児童本人同意のもと，災害時の備えや宿泊学習の際の必要性から服薬内容を含む診断書・指導書等を提出する。支援の際にその確認を行う。具体例は第5節6. を参照されたい。

4.　高等部卒業前年齢（障害支援区分認定のための医師意見書）

　障害区分認定というものが平成18年4月に導入され，その後の変遷ののち平成24年以降「障害支援区分認定のための医師意見書」のひな型が定まった*14。

　現状は，障害児に対する18歳以降の各種福祉サービスの関わりが，児童相談所から，障害者総合支援法に定める福祉事務所に移行する段階で，福祉事務所は障害児に対して，主治医情報を得て，その医師に診断書を依頼する。その後，この診断書および，福祉事務所担当者の面接による認定調査をもとに，機械による一次判定と，複数職種の審査会の二次判定を経て，非該当から区分1〜6（最も要福祉支援）まで7段階の区分が決定する。この区分に基づき，福祉資源は，『支援サービス計画書』を作成し，利用者に提示，同意を経て，18歳以降の支援内容が決定する。この区分段階がその内容，時間等に影響する。

　この診断書の作成医師には，知的／発達障害の場合に，特別な資格の必要はないが，養育者や行政などが意見書を依頼する際の配慮事項を以下述べておく。

　厚生労働省の説明には，"なるべくかかりつけ医に記載"*15 とあるが，てんかんなどの持病をもつ児童を除けば，"発達障害，知的障害の児童には，かかりつけ医がいない"ことがある。初診では複雑な評価を要する同意見書の記載に困難を感じる医師は少なくないことになる。

　理由は，医師の評価が必要な記載の"2．身体の状態に対する意見"についての項目は，運動麻痺などに関する記載となるため，児童には整形外科・小児神経科系の医師の診察が必要となる。一方で，"3．行動及び精神等の状態に対する意見"の項目は，発達／知的障害の知識ある精神科等の診察が必要である。したがって記載には，保護者や支援者からの日常情報なくして意見書の作成が困難であり，診察時に，周囲による日常の様子についての適切な情報提供が不可欠である。

　以上より，地域の医療情報や学校医への相談をしておくことが望ましい。

5．成人（20歳）を迎えて必要な書類（障害者基礎年金診断書）

　18歳未満の発達障害・知的障害の診断が明確で，20歳時点においても，日常生活上の困難がある際には，その誕生日の3か月前から，以降3か月という半年の期間内に，障害基礎年金診断書を医師が作成することで，現時点（令和5年1月）で，障害のレベルに応じて，年額77万円余から97万円余程度の年金を受給される。この診断書記載にあたり，20歳未満での，障害関連の受診歴情報が必須なため，養育者においては，当時の医療機関名・診察日時の記録が重要である。また，診断書提出の際，過去の，はじめて診断を受けた医療機関の通院証明が求められることもある*16。注意すべきは，受給希望する際に，自身が，療育手帳は所持していない，あるいは，20歳未満での受診歴がなく，20歳以降になって，はじめて知的／発達障害等に関する医師の診察を受けた場合，初診日はその日となるため，成人期の精神障害の方の場合同様に，受給決定までの通院期間18か月以上が必要となるなど，手続きが煩雑になりうることである。障害確定時の本人の加入健康保険が厚生年金の場合にも，手続きが異なる等に留意されたい。

　診断書作成を行う医師には，専門医等の資格は必須とされない。ただし，詳細な精神症状などや日常の生活動作などの詳細や現状の治療（受けている場合）の記載が求められるため，主に精神科・小児神経専門の医師の受診が望まれる。

　なお，この障害基礎年金の診断書は，初回以降5年ごとに（現状は25歳時点での一度の更新診断書以降は固定と判断されることが多い）更新の診断書が必要であり，令和元年8月以降，更新年（初回申請から5年後）の7月以降の個々の誕生月末までにその提出が求められる。

　なお，重い身体障害，視覚障害等や，精神科領域では，難治性うつ病や発作コントロール不十分なてんかんなどが，知的障害や発達障害に合併している在宅の生活者（通所利用は可・入所／自立などは不可）の場合には，『特別障害者手当』が併用（診断書は別途必要）されることもあり，月額は27,300円であることが多い*17。

6.　療育手帳と精神保健福祉手帳および自立支援医療証について

　「療育手帳」（名称は地域で異なる——横浜市・東京都は「愛の手帳」等）は知的障害の方が取得され，各福祉支援や，医療費自己負担の軽減・無料化，給付金，税の控除，そして公共交通機関の利用等の際に使われる。

　手帳自体の交付に際し，定められた年齢制限などはないが，概ね3歳以降の取得が多い現状である。取得のためには，18歳未満では児童相談所，以降では，知的障害者更生相談所で医師診察もへて判定が行われ，交付される。

　一方，発達障害の方においては，上記療育手帳は，原則は，知的障害のある場合にほぼ限られているため，精神障害者保健福祉手帳が取得されうる。2010年以降，従来からの精神疾病（統合失調症，気分障害（躁うつ病など））だけでなく，発達障害の診断名があれば取得できる*18。この手帳のメリットは，医療費面や，精神障害の支援・作業所を利用する際に役立つが，療育手帳に比較し，発達障害の方にとっては，まだメリットが少ない現状である。また，交付希望の際の注意は，前者が行政機関で行われることと異なり，本人（あるいは付託を受けた支援者など）が精神科医療機関における医師の診断書および必要な書類を行政担当窓口に提出する流れという点である。同手帳の記載医師は精神科の専門医（精神保健指定医もしくは精神科経験3年以上）の記載が必要で，通院を始めてから6か月以降であることとされている。なお，発達障害の

場合は，小児科や内科医でも担当医ならば，書類記載は可能である[19]。

　次に，小児の医療費は，自治体によって異なるが，12歳あるいは15歳までの無償であることが多い。行政区域によっては，18歳までの無償であることもある。この年齢以降の医療費負担については，自立支援医療制度が，手帳の取得がない状況で精神医療機関を継続利用する場合に，医療費の減額のために利用可能となる。この診断書は，精神科医療機関で作成され，2年に一度更新の診断書も必要となる。申請後は，通院先とする指定医療機関および指定薬局においてのみ保険診療の3割自己負担が1割に軽減される。てんかん治療も含まれる。なお，診断書を提出する際，次の2点の注意が必要である。ひとつは，この診断書作成医師は，精神保健指定医（もしくは精神科3年以上の医師）であること，もう1つは，1割となる診療費は，精神神経科領域に限ってのもので，一般的な身体疾患は，公費負担適応外（3割自己負担）となる点である[20]。

　なお，療育手帳の場合に中軽度のランクを取得されている場合は，自立支援医療制度利用の併用が必要となることに留意する。

7．後見審判の医師意見書について

　本書は，児童期から青年期に至る時期の支援を主体にしたものであるため，上記点については，概論を述べておくにとどめる。

　今日，知的障害・発達障害・精神障害を持つ方は，令和4年10月以降の成人年齢の20歳からの変更に伴い，現在18歳以降，必要な社会的な各種契約に際して，サポートを要する場合に，家庭裁判所の審判を通し，高齢となっていく保護者（主に両親等）にかわり，種々の決定事項に同意を行うことのできる"後見，保佐，補助（サポート内容のレベルなどでこの3段階）"人が，選定される。兄弟や，司法書士，弁護士などが選任されることが多い。この際に，あらためて医師意見書の作成が求められるが，この際に，作成医師の専門医資格などは不要である。なお，意見書では審判が決定できずに，障害本人の聴取や，詳細な精神鑑定が求められることもある（費用は個人負担）。

第 3 節　周産期から 1 歳までの乳児期に行われる医療の実際

1. 出生前診断とは

　1990 年頃より，羊水検査（妊娠中の母体の子宮に針を刺して検体を得るもの）によって，ダウン症など種々の染色体異常症等を妊娠中に診断することが可能となった。検査の結果，妊娠中絶が行われることがあるため，『命の選別』論議が高まったことは，知られている。その後，2013 年からは新型出生前診断が，少量の妊婦の血液検査で，より高い診断を安全に行うことが可能となった[*21]。この検査やその後の対応の倫理的な課題については，実施に際しての医療機関側に遺伝の専門医を設置，両親への十分なカウンセリングチームの存在などや，実施にあたっての妊婦側の条件を設けるなど，主に産婦人科学会を中心に対応の進捗のなかにある。

2. 周産期の医療対応（主に予防啓発と新生児期医療）

　周産期は，妊娠 22 週から，生後 7 日未満までの時期と規定されている。この時期の医療対応は，予防，早期発見・治療，新生児の集中治療が主体となる。

　発達障害の発症関連においては，第 1 節 4. で触れたように，この時期，特に妊娠中が重要である。妊婦の心身両面のケア，飲酒・喫煙習慣・サプリメントの過剰摂取等を避けることなど，母体と胎児のストレスを最小限にする等の生活指導が予防あるいは軽減しうる対策として重要である。

　重複障害の発症の予防には，妊婦の生活指導の他，第 1 節 3. でも触れた妊娠前の風疹ワクチン接種や，持病の加療中の母体個別の注意が重要である。

　早期発見としては，代謝異常症（甲状腺ホルモン欠損の先天異常等を含む）のうち，現在は 6 疾患（20 種）疾病について，新生児マススクリーニングという，出産直後早期に，児の微量の採血検査（義務ではなく，任意だが，公費負担があり 100％近くが実施）が行われ，これら先天性疾病を見出す。そして，障害を最小限にする治療に繋げる。治療は，先天代謝異常症への食事設定（一

例としてフェニルケトン尿症では，フェニルアラニンというアミノ酸除去ミルク栄養等）が行われること等がある。

　次に，出産に際しては，種々の事由で，知的障害等の原因が起きうる事象が種々あることは，第1節3. 2）で述べた。この時期に，知的・身体障害や早期のてんかん発症，など後遺症として重複合併した場合は，早くからの医療を中心とした重度心身障害児の継続的医療支援（医療ケア児）が必要となる。

　以上，①周産期妊婦の健康管理，②新生児期の可能な限りの医療の介入や，代謝異常症の早期からの栄養対応，③乳児期早期の医療ケア導入，等が重要である。

3. 周産期以降，知的障害の原因となる脳炎やてんかんと治療対応

　髄膜炎，脳炎，脳症などについては，その重症度が，知的予後に影響する。単純ヘルペス，麻疹やインフルエンザに伴う脳炎，原因が特定できない脳の炎症である急性脳症等は，重症なことが多く，知的後遺症も重い。本章では，この時期の医療内容（脳浮腫対策治療や低体温療法など）の詳細は触れないが，急性期に合併発症したてんかんは，複数の抗てんかん薬の服用下でも2年以上発作が続くという「難治性てんかん」に移行することも多い。疾病後は，周産期障害同様に重度心身障害児の医療ケアを要することも少なくない。

　次に，感染症に付随しない，てんかんについて述べる。生後3か月未満でおこるてんかん症候群の重要な知的リスクのあるものは『大田原症候群』であり，症状は，短時間の間に，全身に力が入り，しばし連続する"強直発作群発"をみる。治療抵抗性であることが多く，次に述べる点頭てんかんに移行する。

　4か月以降は，『点頭てんかん（ウエスト症候群）』が発現してくる。こうしたてんかん症候群は，前述の周産期に脳障害のリスクを負った児や，結節性硬化症などで発現頻度が高いが（症候性：点頭てんかん全体の約80％前後），病前リスクのない児（特発性：同20％前後）でも発症する[*22]。

　その後，点頭てんかんに罹患した児童は，前述の，難治性てんかんの代表ともいえるレノックス・ガストー症候群（第1節3. 3）参照）に，生後36か月

以内に移行することも稀ではない。前述したように治療開始の速さや治療に対す反応性が，知的予後に大きく影響することを再度述べておく。

　この時期のてんかん治療介入の詳細は，医学書にゆずるが，主に2000年以降の抗てんかん薬の進歩には，著しい変化があり（新薬含む），このことを踏まえた投薬治療や，ACTH療法（少量のホルモンの筋肉注射治療），ケトン食療法という食事療法などが，行われる。

　なお，新世代の抗てんかん薬については，使用の多くなる第5節4. で，脳外科的てんかん治療の進歩に敷衍しつつ，述べる。

　なお，この時期のてんかん発症などが，その後の発達障害の表出あるいは合併について，強く関連するという明確な統計報告はない。ただしASDの方のてんかん有病率は，健常者の0.8%に比較し高く，6〜8%程度，知的障害との併存例では，40%以上と高いことは知っておかれたい[23]。

4. 乳児健診の位置づけ・役割（発達障害児の気づき等）

　1歳未満の健診は，母子保健法で義務付けられる1歳半・3歳児健診と異なって，任意のものであるが，出産した産院・小児科などで適宜行われる。

　これらの健診は，乳児全般の心身の状況を確認するものであるが，発達障害に関連する点として，①ささいな抱き方でむずかる，夜泣きが止まらない，②外に連れていく道筋などが異なると泣き出す，③視線が合わない，あやしても反応しにくい，などがある。すべてが発達障害と診断に至るものではないが，以降の発達と共に大切な点であり1歳半・3歳児健診までの経過が重要である。

5. この時期の障害あるいはその可能性についての医師説明（保護者の心性への配慮）

　出生時に，すぐに，気づかれる染色体異常症も少なくないが，基本的には，医師が，出産後の児の健康状態などを説明する際に，知的予後などを一定程度，診断することが可能な基礎疾患においては，その告知が，出産時の母体の消耗度を勘案しつつ，行われることが多い。その際には，母体に寄り添った看護・

臨床心理など多職種のチームによる保護者サポートがあることが望まれる。さらに，前項などで述べた，知的予後等に厳しいことが予想される乳児期の各疾病の治療の際や，発達障害の可能性の気づき，に際しても，その説明の際には，医師説明でおわらず，その後の多職種による対応が，同様に望まれる。不安ばかりを増長する一方的な告知でなく，発達促進の可能性等を含めた説明が，医療の大事な役割であり，育児放棄等，児童虐待の防止の上でも重要と考える。

6. 養育者の課題への対応

　被虐待児のなかに，知的障害／発達障害を持つ児は，少なくない。一方，近年，育児中の家庭環境のみならず，保育資源，教育資源など，どのような環境下でも虐待に関する事件が絶え間なく聞こえてくる。誰もが，早い年齢から，職種にかかわらず問題意識を持つことが社会に求められている。

　母親を主とする養育者においては，核家族化が増えた時代にあって，SNS以外の触れ合いが困難な時代のなか，乳児期では，単に，種々の育児疲労を単独で抱え込むことなどが理由となって，さまざまな形での虐待事象がみられる。さまざまな公的対応が構築されているが，育児に際し，養育者自身の意識が，適切に育っておらずに，自身の行為が虐待になることを意識できない状況も少なくない。

　医療が担うべきことは，診察の際に気づいた虐待徴候を通報することだけでなく，それ以前の予防的対応として，さまざまな健診の際の児の体調確認とともに，養育者の子育て不安などの育児相談に，力を注ぐことである。告知の際と同様，医師単独の対応で終わらず，多職種の養育者へのケアが重要である。

第4節　1歳から就学年齢（幼児期）までの医療の関わり

1. 1歳半および3歳児健康診断と発達障害の診断

　1歳を過ぎてからは，発達障害・知的障害の児童は，養育者（多くは父母）が "言葉が遅い……，視線が合いにくい" などの，発育の様子についての不

安等を抱き，近医の小児科等の受診に至ることが多くなる。あるいは，母子保健福祉法で定められている，1歳半・3歳児健診*24で，発達の遅れや偏りを指摘された後の受診で，発達に関しての医療との関係が始まることも多い。

　1歳半以降特に3歳以降の年齢では，知的障害の診断だけでなく，発達障害，特に，ASDなどの発達障害の診断がされ，早期療育に繋がることも多くなる。

　この時期の健診が目的とする広い範囲での心身の発育の観察事項の中で，特にASDに関連する部分を抽出する。

　1歳半健診では，以下の様子などが発達の課題に留意する点となる。①養育者とコミュニケーションを積極的にとらない，名前に反応しない。②表情が豊かでない，視線が合いにくい。③自分が欲しいものや興味を持ったものを指差ししない。④周囲と，遊びたがらず。一人遊びばかりする。⑤偏食が激しい等，離乳などに困難がある。⑥欲しいものがあるとき，親（養育者）の腕をつかんで，欲しいものをとらせようとする（クレーン現象）。こうした側面を併せ持つことは，言葉の遅れ単独でなく，ASDを疑う徴候であることが多い。

　3歳児健診の際には，児童自身も，保育園の利用などや外遊びの機会も増え，いわゆる，ASDにみられる，コミュニケーションの課題，感覚異常などに気づかれることが増えてくる。以下同様に，まずASDを疑う留意点を列挙する。①思いが伝わらないと，癇癪をおこし，咬みつくなどの他害，自傷など。②何かの遊びにはまると（砂あそび，同じおもちゃへのこだわり）やまない。③みなと遊べずに，1人でいる時間・空間を好む。④腕まくりを嫌う，帽子を嫌がる，同じ服にこだわる（触覚過敏）。⑤種々の音が苦手（掃除機，突然の食器の割れる音，乳児の泣き声等）で不安・不穏になり耳を塞ぐ（聴覚過敏）。

　また，ADHDを疑う点を列挙する。①じっとしている集まり会などに参加できない。②自分で身支度，片付けができない。③顔を洗う，歯を磨くなどの生活習慣が身につかない。

　以上が，ASD/ADHDなどの発達障害の気づきの具体的内容となる。こうした訴えを医療は整理し，種々の心理評価の後，診断に至ることとなる。

　2つの注意点を述べる。1つは，まれでない状況として，『折れ線経過の

ASD』についてである。1歳〜1歳半ぐらいまでの発達は，ほぼ正常であったが，2歳前後で前述した徴候が出現し，自発言語が一時消失してしまうもので，おおよそ7割程度が，3歳時までに，ASDの発達特性を呈する。ASD全体の約3割にみられる幼児期の経過である＊25。

　もう1つは，「小児期崩壊性障害」という診断名がある。「6歳未満で，2年間以上正常発達をしていた幼児が，獲得していた言葉，生活習慣などを急速に失い，重度のMRとはASD合併の発達状態となる」もので，稀である＊26。

2. この時期の早期療育の養育者にとっての意義

　早急療育は，診断後，就学までの期間（特に保育資源まで期間）を主に行われる，児童の成長を促す対応を指す。本書の主題である知的障害・発達障害に関しては，多職種のペアレントトレーニングなど，種々の関わりを用いて，療育の場面から日常生活のなかでも工夫でき，双方に連続性のある支援方法が検討される。詳細は第2章を参照いただき，本項では，目的とする児童の成長とともに，養育者にとって重要となりうる点を，以下に述べる。①家庭内という環境のみで養育者が"一人悩みを抱える状態"を軽減する。②SNSなど情報が多彩だが，読み聞きする情報では体験できない，実際の専門スタッフと児童・養育者，双方のやり取りを通して，"肌感覚で関わり方"を実感できる。③各療法士，心理士，社会福祉士等を通じ，他の社会資源の利用情報を得る。以上の点があげられる。

3. 支援者の意識のありかた

　支援者は，健診あるいは相談に始まり受診・療育の実施までの過程で，養育者の心のなかでは，告知を受けた児童の障害についての受容の過程（その否定から受容まで）が流れていることや，時に，夫婦間の意識の違い，あるいは祖父母からの受ける種々の干渉の有無も意識した，傾聴とていねいな関わりが大切である。

　医療現場では，診断については，年齢によっては告知内容も確定的なものま

でには至らない時期があり，医師は，確定できない理由を含めた説明を時期ごとに行い，関係スタッフも，その状況を共有することが望ましい。

　児童へのアプローチが主体である関わりの中で，医師をはじめ関係スタッフが養育者の不安に対しても傾聴と共感性も併せて意識することが大切である。

4．かかりつけの小児科医と療育関連医師との役割分担

　近年のコロナ渦を通じて，医療機関のかかりにくさが実感されるなか，かかりつけ医の重要性はあらためて意識されている。発達障害・知的障害の場合に，前項まで，療育に必要な指示のターミナルとなる療育関連の小児科医師の役割を意識して述べてきたが，一方で，日常の身体疾病や各種ワクチン接種や各年齢の健診に際し，住まい近くに，かかりつけ医をもっていただくことが大切である。特にASDの児童などにとって，慣れた医療環境は大事であり，第2節4.でふれた診断書作成時の必要性も含め，重要性を認識されたい。

5．この年齢期の医療の役割 ①：行動障害への初期対応

　就学前の年齢までには，乳児期での，昼寝できない，夜泣きなどの睡眠障害や排尿行動の異常などの課題が，徐々に変化していく。年齢が上がるにつれ，器物を投げる・養育者に咬みつく，突然の飛び出し，自傷行為などが行動障害の形となって表出されはじめる。年齢とともに，身体的な成長も手伝って，体力面で，養育者の対応がより困難となって，医師への相談に至ることも稀でない。

　もとより，行動障害というものは年齢によって規定されるものではなく，低年齢からその芽生えがあり，この年齢から対応への困難感を周囲に与えてしまうものであり，ASDや重度MRの児童で，発現が多いことは事実である[27]。

　しかし，行動障害は，発達障害等の存在のみを原因とするものではなく，あくまで，それぞれの児を取り巻く種々の環境（日常の不適切な行動への関わりや，養育環境の調整が不十分なときなど）により，課題が形作られていくことが少なくない。改善を図る上では，環境設定と，特性に応じた日常の活動につ

ながる持続的な対応が最優先となる。この年齢期は，成長後の課題行動の増加
を予防するため，適切な行動への転化を促す発達促進ができやすい時期である
一方，児童が誤学習し，課題を強化してしまう可能性もある敏感な時期でもあ
る。

　この状況に際し，医療は，どの児童も理想的な環境がすべて整うわけではな
いことを理解しつつ，児童を取り巻く現状をよく理解し，実現可能な対応に繋
がる助言を行うことが軸となる。具体的には，睡眠の悩みであれば，養育者の
辛さを傾聴し，その上で，年齢相当の睡眠時間の考え方の調整，その児童が寝
やすい環境に向けての部屋の環境改善，空腹や養育者の生活リズムからの影響
の有無等，共に考え，助言に繋げる。なお，顔への自傷行為の原因が副鼻腔炎
であったことも自験しており，行動障害の背景となりうる，身体疾患など含め，
種々の配慮事項については，青年期以降の行動障害対応で一括して述べる。

6. この年齢期の医療の役割 ②：低年齢での薬物療法

　前述した，環境・養育への医師の助言は大前提である。一方で，時に，慎重
な薬物療法の併用も，必要なことがある。ただし，6歳未満では，安全性が確
立した抗精神病薬や睡眠関連の薬物治療等には限りがあることから，慎重な検
討を必要とする。概要を述べると，目標症状を絞ったうえで，①抗てんかん薬
の一部に気分安定性効果を持つもの（バルプロ酸ナトリウム等）や漢方薬（例
としては，夜泣きへの抑肝散の使用）などから始め，②衝動的になりやすい等
の症状を診る場合，効果は不十分であることも多いが，ベンゾジアゼパム系の
薬物の導入（ジアゼパムなど，てんかん治療領域で小児での安全性が認められ
ているもの），③6歳未満のADHDの幼児でも慎重投与が可能なアトモキセ
チン（商品名：ストラテラ），グアンファシン（商品名：インチュニブ）や，
ASD由来の衝動性に対しては，ごく少量の抗精神病薬（リスペリドン—商品
名：リスパダール，アピリプラゾール—商品名：エビリファイなど）の導入，④睡
眠は②で述べたベンゾジアゼパム系の薬剤の他，脳幹の睡眠関係受容体のみに
作用する脳内ホルモンと同じ薬剤メラトニン（商品名：メラトベル）等——6

歳未満では慎重投与とされるが検討されうる。メラトベル同様，脳内の睡眠関連のレセプターに選択的な効果をもたらすラメルテオン（商品名：ロゼレム）が，投与されることも少なくない。これらの睡眠関連薬は，児童精神科領域で強迫性障害の治療で投与されるフルボキサミン（商品名：ルボックス）の併用禁忌に注意が必要である*28。投与を行う際には，アドヒアランス（同意にとどまらず，治療の目的や使用の継続に踏み込んだ参加意識を得ること）の向上の上で，目的とする効果ついての十分な説明と同時に，薬の剤型（シロップ，内用液，顆粒・細粒，錠剤，カプセルなど）の可・不可や，児童・養育者双方の持続可能な服用場面（保育園などで困難な，昼は避ける）などに配慮している。

7. 保育園・幼稚園などでの対応で望まれること

　幼児教育の場においての対応においては，発達障害への関わり方の意識は頭に置きつつも，個々の児童の個性を理解することが第一であり，その理解を進めるためには，養育者との連携が適切である事が重要である。双方向性のやり取りがスムースであれば，"早期療育の中で行われている実際の診断や対応が伝わり，各園の保育力に応じて実施される"ことを望めることになる。

　最近では，発達障害の児童において，保育園や幼稚園以外にも，民間の個別幼児教育の場も増えており，適宜，併用利用が勧められる。こうした民間施設では，児の特性に見合った環境および対応がより意識されることを期待したい。

8. 就学直前の医療の役割

　小学校就学前の年齢で行われる就学時健康診断は，学校保健安全法第11条を根拠として，就学前年度の11月30日までに行われる*29。この機会で，あらためて心身の障害を指摘されたとき，あるいは，療育などを経て，進路として，学校での特別な支援を希望されるときには，就学相談を勧められることになる。

　教育環境の選択（普通級，個別支援学級など分離した環境の利用，あるいはインクルーシブ：統合教育の場が適宜利用となる交流級利用等）について，医

師が助言を行うことは1つの役割ではあるが，あくまで，同時期の個別の児童と養育者が，地域の状況や制度などのもと，就学相談などを経て，それぞれ児童と養育者の希望のもと，判断する。なお，就学時の選択は，地域により各教室の児童数の定員問題はあるが，入学後の適応状態でその変更は可能である。

9. 小児愛着障害*30

　発達障害の児童を診る際に，前述した行動や表現の偏りについて，発症年齢や環境背景などを捉えながら，診断を勧める上で，小児愛着障害という概念を考慮する必要がある。狭い意味では，低年齢で，虐待や養育者との関係性が破綻（養育者の疾病・逝去など）したのち，児童施設などの利用となった児童は，"引きこもって，コミュニケーションをとろうとしない"，次には，"いったん打ち解けた対人関係のなかでは，極度の甘えやわがまま，時に攻撃的な行動など"といった経過をたどることがあり，こうした場合に，愛着障害の存在を考慮する必要がある。この診断名も多元的な評価が必要な概念という難しさがある。

　ASDなどとの明確な診断上の線引きは臨床現場では難しい。一例を挙げれば，ASDの児童が，家庭内での不穏の発現をきっかけに，養育者の育児困難あるいは虐待に至って，児童施設入所ということも少なくない。こうした生活歴のなかで，愛着形成の困難となる場合があることから，支援者に求められるのは，通常の療育の形だけでは，表出している課題行動に変容がみられない児童に触れるときに，こうした心的背景（愛着の形成不全）の存在を意識する事である。医療での気づきと心理職の関わりの重要性がより高まる状態と考える。

第5節　小学校低学年時期の医療

1. 学校の始まりと発達障害

　知的障害／発達障害の児童にとって，それまでの療育環境がさまざまであっても，学校生活は，"一定時間，集団の中で活動・学習するはじめてに近い体

験場面"となることに大きな違いがない。最近では，普通学級での『学習面または行動面で著しい困難を示す児童』の割合は，2022年12月の文部科学省の報告によれば，小中学校では比率：8.8％[*31]であり，学校での生活の始まりに，よりいっそうの配慮が必要な現状となっている。ASD，ADHDなどだけでなく，LDについても実際に，気づかれるのは，この時期であることも稀でなく，極端な学習困難の偏りに注意が必要である。

2．教職の意識の重要性

　学校現場で，先生方には，第1節でのべた発達障害の知識を持っていただくことは大切であるが，いずれもがスペクトラムであることを今一度考え，それぞれの児童が，感じている"幅広い不得手"，"苦手な状態"に気を取られすぎず，逆に"得意なもの，安心する状況"への意識を深め，両面での個性の理解が，大切と考えていただきたい。平成17年以降，特別支援教育関連法の改正が行われ，順次スクールカウンセラーや発達障害支援コーディネイターの配置があること等を利用し，児童を中心に，養育者と学校の双方のいっそうの連携[*32]を意識されたい。

　小学校の低学年時代には，日常的な課題が目立つ時期である。ASD由来の要素としては，他の児童の音刺激にたえられない，自分の決めた順番でないと不穏になる，例えば順番に給食の配膳をまてない，同級生との遊びでも，自分の決めた結果に拘り，けんかになる，などが挙げられる。ADHD由来のものとしては，離席が目立つ落ち着きのなさ，学習用具の忘れ物の多さ，種々の提出物の期日忘れが多い，片付けの困難さ，などがみられる。

　前者に対しては，危険な行為については，叱責に頼るのではなく，ていねいかつ繰り返し具体的に，児の得意な部分（一例は視覚的要素）を通じた注意をする。一方で，きっかけに影響する，音などの感覚過敏への席の配置などの配慮，本人の理解できる細かい動作を具体的に伝えるなど，日常の活動の意欲を模索する。環境においては，席の位置を先生との距離を近くする工夫などが配慮の例と考える。こうした教員と児童の間で，環境の工夫を考え，いわゆる

"合理的配慮"を行うことが，文部科学省指針の下，現場の責務とされたこと*33 を意識されたい。

3. 医療対応の実際 ①：行動面を主体に

このような種々の対応検討が行われる際にも，必要に応じての助言を行うことが医療の役割の1つであるが，現状は，教職の方と医師が診療場面を共有できる時間が持ちにくい状況にあり，書面での報告書や，保護者を通じての関係の模索は今なおの課題である。一方，状況に応じて，ASD における易刺激性に対して，用量などに注意しての抗精神病薬（前述のリスペリドン，アリピプラゾール）の投与が行われることがあることは，幼児期と同様である。また，6歳以降になることで，前述の2種の薬物に加え，投与が可能となる ADHD 治療薬（メチルフェニデート—商品名：コンサータ，リスデキサンフェタミン—商品名：ビバンセ）がある。これらは第7節3.で詳細に触れる。私見であるが，この時期の薬物療法は，環境設定で効果のないときというステップにとらわれないことも，時に必要と考える。環境調整と共に，必要最小限の薬剤を並行して行うことも検討すべきである。単に鎮静を目指すものではなく，児の適応力向上を助ける役割が薬剤にもあるためである。

4. 医療対応の実際 ②：てんかんを主体に

時代が進み，幼少時にてんかんの治療を始めた児童も，ここ数年のてんかん治療の進歩に基づく調整が学童期でも行われることがある。

長年，バルプロ酸ナトリウム（商品名：デパケン，セレニカR），ガルバマゼピン（商品名：テグレトール），ヒダントイン（商品名：アレビアチン，ヒダントール），フェノバルビタール（商品名：フェノバール）等やベンゾジアゼパム系薬剤（商品名：ジアゼパム，ニトラゼパム，クロナゼパムなど）を中心としたてんかんの薬物治療は，2000年以降の多くの新規抗てんかん薬の出現により，過去約20年の変更は著しい。本稿では詳細は略するが，新規薬品が7種類以上あり（主なものの薬品名3つを記載：ラモトリギン，トピラマート，レベチ

タセラム），その選択においては，2018 年のてんかん学会の指針に基づき行われることが推奨[34]されている。それまで発作のコントロールが困難であった児童においても，その改善を目指す薬剤：変更は少なくないと思われる。なお，2018 年の同指針では，2 剤以上の抗てんかん薬で，1 年以上発作が抑制されないとき，年齢を問わずに，脳外科治療も検討されるべきとしている。外科治療が早期に行われることにより，児童によって，てんかん由来の発達の停滞や情緒面への影響が最小限となる場合があり，行われる可能性への理解が必要である。今後は，現状難治であるてんかん児童における加療の可能性を考え，本項内で述べた。

5. てんかん発作の観察の注意点

　てんかんの発症年齢は，前述した新生児期から老年期まで広範である。各年齢での特異性や，発作の形には違いがあるが，本書では，その詳細は成書にゆずり，各場面で周囲の人が医療と連携する上で大切な "発作状態の観察" の要点を 3 点述べておく。

　(1) 発作の形の表現にこだわらないこと——発作を起こしてしまった時の様子は，意識レベルの変化，眼球の位置，顔色，呼吸の乱れ，どの部位がどのように動いて，あるいは，硬直していたなどを具体的にみていただき，持続時間と共に，医療に繋がる際に伝えるよう配慮していただく。

　既に，治療中であって，主治医との間での，XX 発作があったという表現が個々の症状として共有されるまでは，強直発作，大発作，小発作などというような，具体性にかける表現は控えるよう注意する。

　(2) ASD の場合で見られうるパニック "発作"，あるいは，心因性と診断されている "発作"，など，一口に発作という表現をすることを避け，①同様，環境の変化を含めて，具体的な状態観察を意識していただく。

　(3) 難治性のてんかんの方の場合には，同じ人が複数の発作の形を持ちうることを，治療中の方では特に意識していただく。

6. 学校でのてんかん発作時の対応

　発作を起こした時の，周囲の環境上の注意について，すなわち，危険のない環境と呼吸の確保，誤嚥の防止などは，それぞれの環境においての医務の担当者などと，日常から，研修の機会など通じて意識を高めていただきたい。通常，5分以上超える発作に際しては，救急依頼を原則とする。

　もう一点，現場での対応の1つにてんかん発作時の頓用薬剤の指示がある場合がある。教育現場での，けいれん発作時の座薬などの挿入は，平成28年2月より文部科学省が確認した厚生労働省の指示により，事前の医師の指示書，本人・保護者の同意，十分なプライバシーへの配慮などが計られた上で，各教育現場にて行えるようになっている*35。薬剤は主にジアゼパム坐薬の肛門内挿入（商品名：ダイアップ）であったが，発作時に，肛門内挿入が困難である場合も少なくなく，2020年9月以降，ミダゾラム（商品名：ブコラム）口腔用液の頬部注入が用いられることがある。詳細な注意は各薬剤情報を確認されると共に，個々の医師よりの指示書などを確認することが大切である。

第6節　小学校高学年（4年生）以降〜思春期前後までの医療対応

1. 年齢の特異性

　この年齢期は，知的障害の診断を受け，安心できる学級設定等がなされている児童より，知的レベルの課題が少ない発達障害児，あるいは，境界級とされる児童等にとって重要な時期となる。本節では，こうした児童への関りを中心に述べる。いわゆる不登校児童への対応との共通点は多いと考えている。

2. その特異性を意識した対応

　身体的には，身長などの一段の変化や，女子では初潮をみるなどの変化が現れる。心の側面でも，当然，それぞれの児童は，個性の違いはあるが，自我感情の彷彿に気づくようになってくる。特に発達障害の児童が，自身の周囲との関係性などの中，孤立感，すなわち"自身が，周りとどこか違う"部分がある

ことなど，仲間との関係性のなかで，自己の違和感・不全感に気付き，抑うつ的な感情に陥ることもまれではない。結果として登校困難に至ることも少なくない＊36。

　学習内容も，多くの教科で，抽象的な思考が求められる段階に及ぶことが多くなり，児にとって，それまでの学年とは異なった困難さを感じやすいものが増えてくることも，その心性への影響が大きいと考える。

　こうした背景を踏まえた上で，個々の児童の困難さを理解した，学習環境での配慮が必要であり，適宜，スクールカウンセラーなどの介入がより必要となってくる年齢であることは，十分理解されたい。

3. 医療の役割 ①：不登校・引きこもりなど

　こうした状況のなか，不登校や引きこもりなどといった状況に繋がったときを含め，児童精神科あるいは小児科医への受診の増加を実感している。

　この現場で医療は，次の点に順次，意識しつつ対応すべきと考える。

　①まずは，不安感の表出（言語化できない部分含め）・辛い生活感の傾聴

　②"いきたいけど，いけない"ことと，ある意識が明確にあって"いきたくないから，いかない"という，個々の児童でそれぞれ異なる状況の確認

　③思い当たるきっかけ，先生との不和・同級生などとの不和などの確認

　④家庭内での家族関係性（兄弟や養育者との関係）の確認

　⑤元どおりの通学形態にこだわらずに，種々の登校方法（古典的な一例は保健室登校，最近ではリモート学習の利用，課題学習の自宅への提供等）

　⑥保護者にも，時には，登校の形にかかわらない制度利用への理解

　一方で，集団での生活の肌感覚での体験を否定で終わらせないため，放課後デイサービス利用などを通じ，適応環境を探り，復学へのきっかけ作りも同時進行で行うことを忘れてはならない。いずれにせよ各種の児童のサポート体制と連携し，児童本人および養育者に対して，現状の行動の選択を，まずは否定せずに傾聴とともに安心感を持ってもらえる関わりが根幹と考える。

4. 医療の役割 ②：診療の幅の広がり

　こうした現場での状況を共有しつつ，発達障害特有の薬物療法では，第4節4.，5.や第5節3.で述べたことと大きな差異はない。さらに成人期に繋がる第7節3.も参照されたい。

　一方，この世代で，児童自身が，さまざまの環境での適応障害（一定の状況因のなかでの抑うつ・不安状態・意欲低下にあるもの）にあると診断する際は，年齢に注意しながら，支持的精神療法，認知行動療法等を周囲と連携して対応し，時に，古典的抗うつ薬（塩酸クロミプラミン・商品名：アナフラニール）や抗うつ剤SSRI等の抗うつ剤（セロトニン選択的拮抗剤／フルボキサミン，セルトラリンなど）や少量の向精神薬（主にスルピリド・商品名：ドグマチール）等を用いて，抑うつ感，意欲の低下の改善を計らざるを得ない時もある。症状が，強迫症状（確認，固執など），不眠などの睡眠障害，各種身体症状が表出する際は，生活工夫への助言や適宜，症状に応じた投薬治療を併用する。

　私見であるが，この時期，傾聴や共感を行うだけでは不十分を感じる児童もまれではない。それぞれの日常生活の姿を尋ねながら，その改善につながる短期間でも実現可能な具体的な目標を，"共に探すこと"を始まりとする工夫が大切である。

第7節　思春期以降の医療対応：行動障害対応を踏まえて

1. 思春期の課題となりやすい行動障害の捉えかた

　精神科医にとって，15歳前後という年齢に至った児童との関わりの難しさは，ASD/ADHDゆえの二次障害を考える不安や抑うつ状態にとどまらず，どの障害においても，自傷・他害といった課題行動の形を取るようになり，この時期に初めて，継続的な診療を開始することが少なくない点がまずあげられる。

　同時に，この時期は，各種精神疾病（統合失調症，気分障害等）が，初発してくることのある年齢であることにも注意が求められる[*37]。

　こうした背景ゆえ，医療の場で自傷−他害の診断に際し，医師は，知的障害

／発達障害などが根底にあっての行動障害と断定せず，狭義の精神疾病，ある
いはてんかんとその関連する異常行動など，広い範囲に及ぶ原因の可能性を除
外せずに対応することを意識しなければならない。

2. 養育・支援者の情報の重要性

　適正な診断と治療を考えるにあたり，発達障害や知的障害の思春期児童では，
本人の訴えはもとより，養育者に留まらず，教職員，放課後デイサービスの支
援者周囲など，周囲からの日常の様子について，よりいっそうの注意が必要で
ある。以下，表出する課題行動の原因を探る上で役立つ点を列挙する。

　①生活環境——クラスや教員変更など人の変化，特定のクラスメイトからの
　　影響の有無，イベントの有無

　②なんらかの身体疾病の有無

　③既に受けている医療——てんかんの投薬など——からの影響の有無

　④これまで無かった，奇異な行動，動き，否定，被害的発言など

　診断過程では，これらの点を意識しながら，原因を考えることとなる。①に
ついては，障害特性ならではの行動障害の背景として，最も意識されたいこと
である。一例をあげると，今回のコロナ渦で習慣の散歩が不能になった期間の
ASD児童のパニック，再開による消失などがある。②について例を挙げると，
副鼻腔炎（蓄膿症）や齲歯（虫歯）が顔への自傷や頭突き行為の原因となり，
また軽度の難聴が関連し，伴に加療で消失したことがある。③については，脳
波検査の必要性の判断とともに，周囲の注意が入らない多動・突発的な飛び出
し自体が発作であることなどがあり，投薬変更で改善している。④については，
起きている状況をそのまま，状態を伝えていただくなかで，他の精神疾患の診
断に繋がる点である。この過程での情報において注意すべきは，客観的である
こと，すなわち，自身の評価を過度に含まないことである。具体例を挙げれば，
"うつ状態で朝起きれずに，不登校"という表現ではなく，"夜は今までと変わ
らず寝ているのに朝だけ不機嫌で起きにくく，学校の休みが多い"と，伝える
こと，となる。この児童の場合には，夜服用していた抗てんかん薬の量，服用

時刻の調整で，朝の状態は改善し登校も再開できている。④の各精神疾病の詳細は，本書では触れないが，特に，行動障害を診る際には，投薬内容など含めて対応が異なるため，医療との連携の際の報告には注意されたい。（以上，事例はすべて自験例）

3. 主に精神科医療が行う行動障害の治療対応・薬物療法

　本章の各節で述べてきたように，治療の第一歩は，環境調整である。てんかんにとって必要な抗てんかん薬や，合併が考えられる精神疾病に必要な抗精神病薬，抗うつ薬などの投与必要な疾病であった場合を除き，できる限り，面接治療，環境調整に繋がる助言などで，その改善に努める対応が前提となる。この上での薬物治療は，時代変遷後，現在は，次の2つに大別されると考える。なお，精神科医療の領域では，1）のとくにⅠ.を第二世代の抗精神病薬，非定型抗精神病薬，2）を第一世代抗精神病薬，定型抗精神病薬に属するとされる。

1）発達障害特性に応じて投与が検討されうる薬剤

　Ⅰ.ADHDに対して，第5節3.で薬剤名を述べたが，16歳以降は，使用可能となる薬剤が多くなる。加えて対応する状態像により，優先される薬剤が分けられてくる。あらためて効果の違いを含めて，薬剤名を述べておく。不注意性優位な症状軽減への第一選択は，アトモキセチン（商品名：ストラテラ），多動性，付随する衝動性に対しては，グアンファンシン（商品名：インチュニブ）が第一選択と考えられたい。次に検討される薬物療法としては，2017年以降再開されたメチルフェニデート（商品名：コンサータ），2019年リスデキサンフェタミン（商品名：ビバンセ）等が，検討される。後者2種の薬物は，現在，コンサータ流通管理委員会という組織で監督されている[*38]。処方に際しては，医師・薬剤師ともに，一定の研修および審査を経た専門資格が必要であり（精神科医である必要はない），処方を受ける児童も保護者同意の元，年齢・イニシャル・生年月日などの登録と複数の環境での症状確認が必要である。中枢神経刺激剤であり，不正使用を防止し，適切な投与量であることや依存性を最小限にする等の背景があるためである。両者の違いを現時点で，詳細に述べるの

は時期尚早と考える。現状では，ビバンセは第一選択となることはないことと
開始年齢が 6 〜 18 歳に限られることを記しておく。いずれにせよ 6 歳以降で
あることは共通である。なお，これらの服用では，朝食後の服薬を指導し，飲
み忘れた場合でも，再服薬・昼過ぎの使用はしない，副作用に食欲減退や寝つ
きの悪さがあること，等の指導を忘れない。

　II. ASD の衝動性やかんしゃく，自傷・他害などの易刺激症状を緩和する
ための治療薬（感覚過敏を軽減するものではない）として，一定程度の効果が
期待できるのは，第 4 節 5. および第 5 節 3. で触れているが，思春期以降にお
いても，リスペリドン（商品名：リスパダール）—効能の保険適応は 2017 年—
であり*39，次にアリピプラゾール（商品名：エビリファイ）があげられる。こ
れらの薬は，当初，統合失調症の新しい世代の治療薬として開発された。旧薬
品類との大きな違いは，主に幻覚・妄想，衝動的な興奮を抑えるだけでなく同
疾病に伴う，意欲・自発性の低下などの陰性症状への改善が期待された点であ
る。

　自験例のなかで，ASD の相談例に投与を行った際には，鎮静をもたらすだ
けでなく，"自身からの感情抑制の平易化（私は，怒りっぽくなくなった），周
囲から声掛けの際の不穏気分の改善（まわりの人からの声掛けが耳に入るよう
になった）"といった状態を聞くこともあり，鎮静が得られても，自発性の低
下が多かった従来の薬剤との違いを，臨床現場でしばしば体験する。なお，1
つの傾向として，旧来性の向精神薬— 2）に記する—の副作用で，注意を要し
たのが過鎮静やパーキンソン症状を中心とした神経系症状であったことが，新
世代の抗精神病薬 1）では，その軽減の一方で，高プロラクチン血症あるいは
血糖異常などを伴うことから，生理不順や，肥満などといった内分泌系の課題
に注意が必要となることである。もちろん，悪性症候群，ジストニアをはじめ，
共通の神経系の副作用がなくなったわけでないことにも注意が必要である。な
お，上記以外の新世代の抗精神病薬も適宜，投与されてきているが，本書では
省略する。

2) 主に鎮静を目的に投与される薬剤

　前述の薬剤が，一般的になったと思われるのは，概して 2010 年以降である。それ以前は，行動障害に対しては向精神薬（第一世代抗精神病薬）の使用が多かった。主なものは，ハロペリドール（商品名：セレネース），クロルプロマジン（商品名：コントミン），レボメプロマジン（商品名：レボトミン，ヒルナミン），プロペリシアジン（商品名：ニューレプチル，アパミン），スルトピリド（商品名：バルネチール）などがあげられる。一部効果が異なるゾデピン（商品名：ロドピン）があるがここでは違いは略する。当時，行動障害の薬物治療は，通常は抗てんかん薬としての使用が多いバルプロ酸（商品名：デパケン，セレニカ R），カルバマゼピン（商品名：テグレトール）などが気分調整効果を期待して投与され，経過をみる場合や，希望によって，種々の漢方薬などが，使用されることがあったが，十分な効果が得られず，前記した向精神薬を用いることが多かった。この時期，児童期を迎えていて，行動障害関連での医療のスタートがあった発達障害・知的障害の方が，これら薬剤の服薬を現在，継続されていることは少なくない。また，今なお，1）の投与後，2）の投与を始めざるを得ないこともある。

第 8 節　成人期の精神科医療の現状（行動障害対応の現状）

1. 一般的な診察場面の実際

　現代社会は，スマホ 1 つでさまざまな情報が得られる時代であり，成人期に至って初めて種々の躓き（職場での仕事の失敗，対人関係の困難など）をきっかけに，不安・生きにくさを感じ，それぞれが，自身の知的レベルや発達障害の可能性を疑って，医療機関の受診に至ることも，稀ではない。近年，精神科の医療機関を中心に脳ドッグなどといった（一部は保険外診療となる）対応を行う機会が増えている，SNS で自身の医療体験を述べている情報も多い。

　本書は療育関連を主たる目的にしており，こうした成人例への精神科対応の詳細には触れないが，一点注意すべき点を述べておく。第 1 節 4，で触れたよ

うに，発達障害は後天的要因のみで生じるものではない。通常，精神科医にとって児童期の発達確認は困難なことが多いが，なるべく患者や家族への問診ができる範囲で，保育〜学童期の日常的な注意の多寡，仲間との関係性，不登校の有無等へ留意し，その上で診断・治療を進めることが重要である。

2.　支援に際し配慮を要する成人期での行動障害

　本章では，前節までに，行動障害については，その児童期からの連続性のあるものとして各項で触れ，薬物治療も順次述べてきた。行動表現を総括すると，全体の傾向としては，乳児期は，食行動・睡眠の課題，年齢とともに，多動性関連が目立ち，10歳以降，多動性が目立たなくなることがある一方で，思春期以降は，周囲への影響が大きい自傷，他害といった内容が目立ってくる。

　成人期以降の各環境（福祉資源・在宅双方で）における自傷，他害，器物破壊，いわゆるパニックなどの行動についての評価は，行政的な側面から構築されたと考える古典的な評価表がある。表は別途参照されたいが，そこで，行動障害を，「自傷・他害等の行為」「激しいこだわり」といった点などを11項目において，行動の頻度と強度から評価するもので。11項目において得点（1点・3点・5点）を付け，合計得点30点満点のもので，10点以上を"強度行動障害"と定義してきた。その後，令和3年，多少の修正が行われている[40]。

　このことは主に成人期以降の各福祉資源での人の配置や運営費用に反映される。また，厚生労働省を中心に強度行動障害支援者研修なども行われている。こうした施策を通して，都道府県ごとに，研修が福祉支援費用の加算の際の条件と位置付けられることで，福祉施設での適切な支援が目指されている。

　一方で，こうした行動障害は，知的面の合併の程度，疾病特異性がある（コルネリア・デ・ランゲ症候群で思春期以降，問題となることが多いなど）場合がある[41]。しかしながら，多くが成人期以前に，本人を取り巻く環境・福祉・教育支援・医療のすべてが，負のスパイラルに陥って醸成されてしまう場合が少なくないことも現実である。成立の背景をこのように考えるとき，成人期においても，"今一度環境を整えた上で，それぞれの関わりの意識・技術の向上

を意識し，一定の医療支援（薬物療法含めて）を受けつつ，個人が地域で生活する自然さを目指すこと"が，行動障害の本来の支援目標でなければならないと考える。

3. 強度行動障害と精神医療対応の現状

現実の状況としては，各障害者の方が，行動障害故に精神科の長期入院を繰り返し，かつ病棟においては，隔離室・身体拘束などの対応がとられること並行し，向精神薬の過量ともいえる投与が行わざるを得ないことは，今なお，珍しくはない。一部の福祉資源での不適切な対応も報告されている。

2013年に行われた医療研究開発機構の調査で，知的障害者への精神科関連薬の投与がしばしば多剤併用となっていることが報告されている[*42]。2017年時点での厚生労働省調査による精神病院の長期入院の原因別分類のなか，改善が計られてきているが，引き続き知的障害の方は少なくない[*43]。これまでに述べた，各年齢での適切な対応の充実が，長い成長期の段階で"行動障害の発現"が軽減される取り組みに繋がり，現状の改善が進むことを望んでいる。

なお，こうした状況について，時に，精神医療の対応に焦点がもたれ，"物理的な行動制限をしていることに等しい投薬対応"との意見をいただくことがある。現時点での私見であるが，こうした意見に対しては，"今のご本人の取り巻く現状の環境状態を見直す，あるいは，変更する可能性を常に意識し，漫然とした投与継続ではなく，時代に基づいた内容であることを忘れずに行う中の一時的対応である"というのが1つの答えと考える。

昨今の繰り返される精神医療機関の虐待事象などは論外であるが，前述した現状を脱皮するには，精神科医療機関の対応のみで適切な地域生活を見出すことはほぼ不可能である。行動障害は，精神医療だけで抱えることが可能な課題ではなく，その生きる環境を地域社会・行政機関共に整えきれず，選択せざるを得ないでいる現状から目を逸らしてはならない事実であり，私たちは，社会全体の継続課題と捉え，考えていくことが大切である。

4. 成人期の医療対応・振り返りの重要性

　成人期の医療対応の基本は，第7節3.で述べたものと大きな差異はない。この年齢ならではの支援技術・方法論には種々あるが（第3章参照），それぞれの方法の結果，児童あるいは利用者が，日々を穏やかで，意欲ある日々を送れる寄り添いであれば，その是非を論じる立場ではない。

　医療においては，まず，特殊な手法より，基本的な面接技法と病歴の正確な把握が年齢を問わずの基本であり，課題の要因を考察するために不可欠である。

　この世代の課題は，"社会に出る"ために，利用資源の利用やそれに伴う生活環境の変化が，年齢制度の区分けに伴って行われることである。成人に伴う新しい環境へ向かう大事な時期であるが，しばしば，種々の支援は連続性を失うことが少なくない。そのなか，障害者自身も，そして周囲も，いま一度，課題となる行動だけでなく，日常生活についての振り返りが大切な機会と考える。

　医療は，面接の基本である傾聴を重要視しつつ，知的面では重度障害で言語性の非常に困難な方でも，自身の面接時の視線・表情のありよう等の非言語性傾聴姿勢が重要と意識しなければならない。非言語性表現（表情の変化，瞬間の顔色，他それぞれの方に特有の表出現象——一例としては，チックの多寡など），睡眠・食欲・排泄面，女性では生理状態等の変化，日常の生活動作上の変化等を捉えることが肝要である。診療に際し，こうした変化を捉えるには，あらためて双方向性である保護者・支援者（福祉）資源職員との臨床現場での連携が必須となる。むろん，利用者を中心に据え，彼らの目線に立っての，周囲からの情報の収集を感じとらなければならない。推測による評価まで敷衍するもの等を避け，現症の客観的な情報を伝えることを意識していただきたい。

　薬物療法については，前述（第7節）のとおりであるが，成人期に再度，注意いただきたい点を以下，付記する。①抗てんかん薬の種類による多動（一部の薬品——フェノバルビタールでの多動）過鎮静の可能性を考慮する，②てんかん発作鎮静がもたらす不機嫌（てんかん強制正常化現象）の可能性を考慮する，③睡眠薬については，かつて中心だったベンゾジアゼパム系（ハルシオン，レンドルミン，ロヒプノール，ベンザリン等）は，ふらつき，嚥下機能が低下

するため，最近では，使用が避けられ，覚醒に関する脳内レセプターのみに拮抗し，睡眠に導く薬剤（オレキシン受容体拮抗薬：商品名，デエビゴ，ベルソムラ等）に切り替え可能かを考慮する，④感冒薬やコロナ渦で用いられることの多かった中枢性鎮咳剤は，ASDなどを中心に興奮作用があることに注意する，⑤行動障害の背景に抑うつ・躁状態の両方の可能性を否定しないことに注意する，以上があらためて，成人期以降における，加えての注意点となる。

5. 各種支援における虐待問題

　世代を問わず共通課題である資源側の虐待問題に触れる。各種保育・教育・福祉資源での虐待問題が取り沙汰され，最近では精神科医療機関・高齢者施設でも虐待問題は少なくない。各職種の倫理観からやりがい・労働時間と体制・給与水準等の問題など種々の指摘がされているが，筆者は，虐待防止について，「支援は，受ける側，行う側いずれもが，人の尊厳という価値観を共有していること。そして，その中での支援とは，個で行うものでなく，連携を持ち，家庭から福祉・教育すべての環境において，常に，風通しよくオープンなものであること」が，組織存在の大前提と考える。どの環境においても支援者自身あるいは組織の意識が，利用者の目線に立ち，"この行為は虐待にあたるかもしれない"課題を振り返るとき，それが誰からも発信できないような組織運営は許されない。発信できうる環境であれば，その風土の形成のもと，早急に組織における最優先課題とすることで，いち早く予防・改善が期待できうる。個人の意識だけでなく，こうした体制づくりをすることが重要である。

おわりに

　筆者が臨床を行ってきた，過去30年間の間に，知的障害／発達障害者の医療環境（入院診療・外来～施設訪問まで）での対応のありようは，徐々に変化している。また，前述したように，福祉資源では，各種研修や強度行動障害支援者研修が定期的に行われ，個別支援計画の重要性も日常的になっている。

　一方で，医療では，知的／発達障害への適切な支援を行う上で，医療機関収入とのバランスは非常に難しく，課題が多いことを実感している。また複数の福祉施設においては，研修や制度の決まり等があっても，真に支援の充実に繋がっている研修であるのか検討の余地は多い。また，現場を検証する行政機関の機能は，多くの不足があり，後手になっていることが否めない。利用当事者のみならず，そこに働く支援者の人々の心身のケア体制の構築も重要な課題であり，産業医等の対応の充実や専門アドバイザー等の充実が重要と考えている。

　本邦においては，今なお，私たち誰もが，理想を語る，あるいは，知らずにいる，のどちらかでなく，環境がより整うべく，それぞれの立場でできること，変え得ることを考えることが，障害者の行動理解の上の基軸であると考える。

　以上，障害関連の医療対応の実際を述べた。その時代とともの変化を適切にとり入れるためにも，私たち医師は，今一度，基本に立ち返っての作業が今日，一層求められていると感じている。いみじくもコロナ渦を体験し，"医療難民"という状況を，多くの方が体験した今，障害を持って生活する人々が，日常感じている"医療難民感"について共感をいただき，誰もが医療と普通に繋がれることの大切さを考えていただける機会となることを願っている。

＊注

1. SIXTY-SEVENTH WORLD HEALTH ASSEMBLY WHA67.8 Agenda

2. 精神薄弱の用語の整理のための関係法律の一部改正をする法律：第110号2（平成10年9月28日）参議院本会議録

3. DSM-5　精神疾患の分類と診断の手引き：2014/10/23　American Psychiatric Association（日本版：医学書院）

4. Sparrow, S. S., Cicchetti, D. V. & Balla, D. A. (2005). *Voneland adaptive behaviour scales, second edition：Survey forms manual*. Minneapolis。MN：Person.

5. 『国際生活機能分類—国際障害分類改訂版—』（日本語版）の厚生労働省のホームページ掲載について：平成14年8月5日：厚生労働省・社会・援護局障害保健福祉部企画課

6.　野本文幸　1989　トゥレット症候群　特集・発達障害とその近縁の状態の臨床精神保健研究，35, 63-70.

7.　岩波　明：発達障害の基礎知識―『（ASD）（ADHD）（LD）の種類・症状・原因は？』それぞれの特徴も解説／小学館（健康）：2019.7.5

8.　Riikonen R, The latest on infantile spasms. Curr Opin Neurol. 2005

9.　Hazlett, H., Gu, H., Munsell, B. et al.　自閉症スペクトラム障害のリスクが高い乳児の早期脳発達　Nature, 542, 348-351（2017）

10.　Tsutomu Nakamura, et al. PX-RICS-deficient mice mimic autism spectrum Disorder in Jacobsen syndrome through impaired GABA recepter trafficking Nature Communications Online Edition：2016/03/16

11.　疾病，傷害及び死因の統計分類（基本分類）ICD-10（2013 年版）

12.　特別児童扶養手当等の支給に関する法律施行令」（昭和 50 年 7 月 4 日政令第 207 号）

13.　学校保健の動向（令和 4 年度版）丸善出版（株）

14.　障害者総合支援法における障害支援区分　認定調査員マニュアル（案）平成 26 年（2014 年）4 月　厚生労働省社会・援護局障害保健福祉

15.　障害者総合支援法における障害支援区分　医師意見書記載の手引き　令和 3 年（2021 年）2 月 厚生労働省社会・援護局障害保健福祉部

16.　日本年金機構　ホームページ：170010010-487-350-362（2017 年 10 月 12 日更新）

17.　障害児福祉手当及び特別障害者手当の支給に関する省令（昭和 50 厚生省令第 34 号）

18.　発達障害者支援法（平成 16 年 12 月 10 日 法律第 167 号）

19.　発達障害者支援法の一部を改正する法律（平成 28 年法律第 64 号）平成 28 年 6 月 3 日公布：「発達障害者支援法の一部を改正する法律の施行期日を定める政令（平成 28 年 7 月 29 日政令第 272 号）

20.　発達障害者支援法：発達障害への内容について（平成 16 年 12 月 10 日：法律第 167 号）

21.　木村正・三上幹男『母体血を用いた出生前遺伝学的検査（NIPT）』指針改訂についての経緯・現状について　日本産婦人科学会・同倫理委員（令和 2 年 5 月 30 日改訂）

22.　Oguni H, Otsuki T,et al. Clinical analysis of catastrophic epilepsy in infancy and early childhood：Results of the Far-East Asia Catastrophic Epilepsy（FACE） study. *Brain Dev,* 35：786-92：201

23.　安藤めぐみ・池谷裕二・小山隆太　自閉スペクトラム症とてんかん　日薬理誌, 148, 121-122（2016）

24.　高橋　脩「乳幼児健診と発達障害」こころの科学，124：18-21（2005）

25.　栗田　広：幼児自閉症における"折れ線現象"の特異性—I. 現象の記述と先行因子および早期発達について　精神医学 25 巻 9 号，953~961（1983）

26.　B. J. Kaplan；V. A. Sadock『カプラン臨床精神医学テキスト DSM-5 診断基準の臨床への展開』（2016）

27.　行動障害児（者）研究会：強度行動障害児（者）の行動改善および処遇のあり方に関する研究．財団法人キリン記念財団（1989）

28.　選択的セロトニン再取り込み阻害剤（SSRI）
　　日本薬局方フルボキサミンマレイン酸塩錠　Fluvoxamine Maleate Tablets 2022 年 11 月改訂（第 2 版）

29.　就学時の健康診断マニュアル（平成 29 年度改訂）公益財団法人　日本学校保健会

30.　近藤清美　きずなの発達行動科学への招待—現代心理学のアプローチ—；福村出版，pp.92-105（2001）

31.　通常の学級に在籍する特別な教育的支援を必要とする児童生徒に関する調査結果について　文部科学省初等中等教育局特別支援教育課（平成 4 年 12 月 13 日）

32.　特別支援教育の推進について（通知）文科初第 125 号：平成 19 年 4 月 1 日

33.　土橋圭子・渡辺慶一郎（編）発達障害・知的障害のための合理的配慮ハンドブック　有斐閣刊 2020 年 12 月

34.　てんかん診療ガイドライン 2018　日本神経学会（監修）医学書院 2018 年 3 月

35.「学校におけるてんかん発作時の坐薬挿入について」文部科学省初等中等教育局健康教育・食育課 事務連絡　平成 29 年 8 月 22 日

36.　鈴木菜生ら：不登校と発達障害：不登校児の背景と転帰に関する検討　脳と発達　49：255~9（2017）

37.　藤原　武・奥山眞紀子：「子どもの心の診療に関する診療体制確保，専門的人材育成に関する研究」平成 20 年度厚生労働科学研究（子ども家庭総合研究事業）

38.　メチルフェニデート塩酸塩製剤（コンサータ錠 18mg，同錠 27mg 及び同錠 36mg）の使用にあたっての留意事項について：薬生総発 0904 第 1 号（令和元年 9 月 4 日）

39. 齋藤和代・野崎秀次：知的障害児（者）のライフサイクルに応じた精神・神経的医療対応の必要性　日本小児科学会雑誌，第 112 巻 第 12 号／ 1807~13（平成 20 年 12 月 1 日）

40. 令和 3 年度障害者総合福祉推進事業　強度行動障害児者の実態把握等に関する調査（第 1 回強度行動障害を有する者の地域支援体制に関する検討会；資料 3（令和 4 年 10 月 4 日）

41. Matthew A Deardorff, MD, phD, et al.：Cornelia de Lange Syndrome Gene Reviews（2021.10.4）

42. 井上祐紀・奥村泰之・藤田純一　知的障害児に併存する精神疾患・行動障害に対する薬物療法の実態に関する研究について　精神神経学雑誌，第 118 巻，第 11 号，p.823~33（2016）

43. 市川宏伸・田渕賀裕・平川 淳　医療的管理下における介護及び日常的な世話が必要な行動障害を有する者の実態に関する研究（平成 21 年度と平成 27 年度の調査比較）―平成 29 年度厚生労働行政推進調査事業費補助金障害者政策総合研究事業（身体・知的等障害分野）（H27- 身体・知的 - 指定 -001）

第 2 章　就学前および学齢期段階における知的障害児・ASD 児の支援

本章では，知的障害児・自閉スペクトラム症（ASD）児の就学前段階から学齢期段階（小・中・高等学校）にかけての包括的な支援の在り方について紹介していく。はじめに日本における早期療育システムの現状と課題を明確にし，就学前療育に先進的に取り組んでいる諸外国（アメリカ合衆国，デンマーク，オーストラリア）の実情を紹介しながら，就学前段階における機関連携や療育機関等における支援の在り方について検討する。また，近年クローズアップされつつあるインクルーシブ教育の理念や小学校におけるフルインクルーシブ教育の実践例を紹介する。さらに，学齢期段階における特別支援教育の実際や移行支援の在り方について，学校事例を基に考察していく。

第 1 節　日本における早期療育システムの現状と課題

1. 日本の早期療育システムの特徴と課題

近年の日本の早期療育は 1947 年に制定された「児童福祉法」によって児童相談所が設置され，保健所が健康診査を行うことを定めたところから始まる。現在，保健所や市町村保健センターで行う乳幼児健康診査の制度化や体制の整備により早期療育の機会は着実に進歩してきた。保健所および市町村は障害のある子どもをできるだけ早期に発見し，その療育を行うために 1 歳半児健診および 3 歳（3 歳半）児健診，地域の実情に応じて 5 歳児健診等を行っている。このようなシステムにより，早期療育の優れた成果が挙がっている。

　1歳半児健診と3歳（3歳半）児健診は集団健診の実施率が極めて高く，受診率は共に90％以上と高率である。また，心理（発達）相談やことばや精神発達に関する調査などが多くの地方自治体で実施されており，1歳半児健診と3歳（3歳半）児健診は，障害のある幼児やそのリスク児のスクリーニングの場として有効に活用できる可能性が高いと考えられる。しかしながら，担当する保健師や心理職の配置は必ずしも十分とはいえず，健診事業を保健師が1人で担わざるを得ない地域も少なくない。健診事業をより充実させ，種々の障害やその可能性のある子どものスクリーニングの精度を高めていくためにも，心理職等の専門職の配置の充実は急務といえる。

　とくに，学習障害（LD）や注意欠陥多動症（ADHD）などの発達障害に関しては，就学前段階で明確な確定診断を行うことが難しい状況にある。心理（発達）相談の対象となる子どもについては，予診で行うスクリーニングの内容と心理（発達）相談が必要かどうかの判断基準が重要となる。予診で行う健康診査票の調査項目は地域や年齢によって若干異なるため，乳幼児健康診査をスクリーニングの場として，より有効に活用していくためにも，各地域において健康診査票の内容などを再検討していく必要があると考えられる。同様に，健診業務を担当する保健師や心理職の質的な向上に向けた研修制度の確立やその充実も検討すべき課題の1つである。

2. 日本の障害乳幼児の早期療育の場と機関連携の必要性

　就学前の障害乳幼児の療育を専門的に扱う児童福祉施設等においては，視覚，聴覚・言語，肢体不自由，知的障害等の各障害種に応じた施設等が設置され，それぞれ治療や専門的な療育が行われている。現在，障害児の早期発見・早期療育に向けた療育体制を確立するために，地域における中心的な療育機関として地域療育センターや児童発達支援センター等の体制整備が進められている。また，在宅の障害児が身近な地域で専門的な支援や相談が受けられる体制の充実を図るため，定期的な相談指導や家庭訪問等が行える障害児等地域療育支援事業などが展開されている。さらに，児童福祉法の改正（2012年）や障害者

総合支援法の施行（2013 年）により，障害者施策の一元化や通所児サービスの見直しなどが行われ，地域の中でこうしたセンター等を中心とした支援体制を構築していくための整備が進められている。

　他方，保育所や幼稚園，認定こども園等では，2007 年の特別支援教育の全面実施に伴い統合保育や障害児保育が積極的に推し進められている。地域によって差はあるが，保育所等への通園と療育センター等を併用している家庭も少なくない。しかし，療育センターに関しては設置数やその対象児など，地域差も大きく，何らかの支援ニーズがあるにもかかわらず在住地域に適切な療育機関がないことなどから，本人や家族のニーズを十分に充たせていない状況にある。

　また，日本では就学前の障害乳幼児の支援機関が多岐にわたっているため，年齢の経過と共に対応する機関が順次移行していく場合が多い。そのため子どもへの支援が一時的に分断されがちになることも少なくない。また，責任の所在が明確に規定されていないことから，移行先の機関に責任が委ねられてしまうなどの側面もある。例えば，療育センターが直接的に関わってきた事例であれば，対象となる子どもが保育所等を併用している場合でも，小学校に入学するまではセンターが中心となって機関連携を進め，個別支援計画の作成や移行支援に関して責任を持つなど，対象となる子どもの年齢や障害種，発達段階に応じて，各関係機関の役割分担を明確にすることが大切である。

第 2 節　諸外国における早期療育の実際

1. アメリカ合衆国の個別家族支援計画（IFSP）について

　米国では，1986 年の「個別障害者教育法」（IDEA：P.L.99-457）の中で「個別家族支援計画（IFSP）」が位置づけられてきた。その後の法律の改正を経て，1998 年より IDEA の就学前プログラムの Part C に規定されていく（3 歳以降は Part B に移行）。サービス提供の対象者は，アセスメントによって障害児や虐待等が考えられる環境的リスク児と認定された 0 〜 2 歳までの乳幼児とその

家族とされている。IDEA の Part C（0 歳から 2 歳）では IFSP の作成が義務付けられ，3 歳以降では IDEA の Part B（3 歳から 21 歳）に移行し，個別支援計画（IEP）や個別移行支援計画（ITP）が作成されていく。障害のある子どもの Part C（0 歳～2 歳）のサービス内容は，子どもの 5 つの発達領域（①身体的発達，②認知的発達，③コミュニケーション，④社会的・情緒的発達，⑤適応性）について，対象児のニーズを明確にできるようにデザインされ，公立の施設において無償の療育が提供されていく。基本的に IDEA の規定に従うが，細かなサービス内容は各州の判断に委ねられている。その他，障害乳幼児の家族に対するカウンセリングや家庭への訪問教育など，教育・福祉・医療の連携の下，多様なサービスが受けられることが規定されている。IFSP は生態学的アプローチに基づく家族中心（family-centered）アプローチを採用している。この家族中心アプローチは地域における障害児支援・家族支援を考える際に参考になるもので，その考え方は障害児にとって家族が安定した養育者となれるように支援し，彼らの発達に多大な影響を及ぼす両親や家族の能力を最大限に広げることとされている［Dunst & Trivette, 1987］。

　IFSP は障害児のみでなく，その家族を含めた支援計画を検討し，文書として書き記される。初めにこのサービスを受けるか否かについて，地域でのスクリーニング検査が行われ，その後，ステップ・バイ・ステップのていねいな手続きが行われる。IFSP 会議は，次に示す規定が伴う。①管轄機関（Lead agency：州によって管轄機関は異なるが，健康福祉，教育，医療を担当するいずれかの機関が管轄し，他機関と連携する）が認定された全ての子どもに対する IFSP を作成する。② IFSP を開始するための委員会は，サービス実施前に新規対象者に対して 45 日間以内に IFSP 委員会を開催しなければならない。③次年度の始めまでに計画の作成を完了することなどが義務付けられている。

　IFSP 委員会の構成員は，①親，②親が推薦する他の家族，③親が推薦する代弁者となる家族外の人，④サービス・コーディネーター，⑤評価やアセスメントの際に参加していた人，⑥子どもや家族にサービスを提供する人であり，これらの構成員が年に 1 回開催される IFSP の再評価のための会議に参加する

ことが認められている。当事者や家族，地域のサービス・コーディネーター
（日本でいう相談支援専門員等）などが，就学前の子どもや家族の支援に協働
して関わるシステムは，日本でも応用可能なシステムであると考えられる。

2.　デンマークの障害児保育所について

　デンマークの障害児保育所（Specialbørnehaven Spiren）における療育の実
際を紹介する。デンマークでは現在インクルーシブ教育が推奨されているが，
地域によって特別（支援）学校も運営されている。訪問した施設はユトランド
半島東岸のフォーセンス市にある障害児のみに対応する保育所で，0歳から6
歳までの子どもを対象とした施設である。訪問時の園児数は23名で，利用時
間は早朝の6時30分から16時30分までとなっている。療育グループは大き
く2つのグループ（ASD，重複障害）に分けられ，各グループがさらに2つ
のグループに分かれて活動している（計4グループ）。ASDのグループは自閉
性が強いグループとマイルドなグループに区分され，臨床心理士や近隣の障害
者入所施設（0歳から18歳対象）の専門家からのサポートを受けながら，個々
の子どもに対する個別支援プログラムを作成，実施している（図2-1，図2-2）。
　重複障害クラスは3名の支援員で6名の子どもに対応している。歩行器に
乗って好きなアニメを見ている子どもの機能訓練場面を見学したが，こうした
活動を定期的に実施することで歩行が安定してきたとのことである。また，内
科的な状態を把握するため，子どもの腸の具合を定期的に観察したり，身体運
動プログラムを行うことで言語刺激が増え，発語のなかった子どもに発語が認
められたりするなどの効果が出てきている。自傷行為などの行動上の課題のあ
る子どもが1人いるため，小人数のグループにしているとのことである。
　障害児保育所はデンマーク全土にあり，大きな町には複数の施設がある。隣
接する地域は人口が10万人だが，そこには2つの障害児保育所がある。支援
領域としては，日常生活・注意力・アクティビティー・コミュニケーション・
自己管理・身体の動きなどで，具体的には「おなかを下にして寝る」「ボール
で遊ぶ」などの活動から成り立っている。在園者数に関しては，政府からイン

図2-1　屋内環境（教室およびスヌーズレンルーム）

図2-2　屋外の遊具環境

クルージョンの方向性が示されて以降，減少気味であったが，ここ数年は微増傾向にある。卒園後は特別学校に進むケース，通常学級の中のセンタークラス（特別学級）に進むケース，さらに通常学級でインクルージョンされていくケースなどさまざまである。ASDの子どもはセンタークラス（特別学級）に進学することが多く，重複障害の子どもは特別学校に進むことが多い。当園の保育士たちは全て特別支援教育の研修を受けており，園単独で障害児保育の関係者に対する研修会（カードの活用法の教示など）を開催しているとのことである。

3. オーストラリアのインファンツ・ホーム（Infants' Home）について

　オーストラリアの就学前支援施設（The Infants' Home – Child and Family Services）を紹介する。当施設はシドニー郊外に位置する総合型の子ども支援施設で，200年以上の歴史がある。設立の目的は就学前の子どもと母親をサポートすることで，当時は未婚の女性や社会的に課題のある人たちのサポートをしていた。開設当初は看護師とソーシャルワーカー数名で対応していたが，その後，複合的な統合施設として存在し続けている（図2-3，図2-4）。

　オーストラリアでは「障害」という用語は敢えて使用せずに「アディショナルニーズ（付加的なニーズ）」という用語を用いている。当施設を利用する者の約30％がその範疇に入る。当施設では5つのサービスを行っていて，毎日300名程度の子どもが来園し，ケアラー（保育士が主体）が常駐して支援に当たっている。

　1人のケアラーに5名の担当が決められていて，家庭訪問を含めると対象家族は1日600名程度になる。建物（敷地）内には100名以上のスタッフが常駐し，祖父母や兄弟姉妹への支援も行っている。臨床心理士，ST，OT，PT，幼児教育療法士のほか小児科の医師も常駐し，あらゆるサービスを受けることができる。さらに，DV，薬物依存，メンタルヘルスなど，20ドルのみで各サービスが受けられる仕組みもある。オーストラリアは移民が多い国なので，22か国の言語に対応できるスタッフがいる。同様に，小学校等への移行期の

図 2-3　施設の外観

図 2-4　屋外の遊具環境

子どもの支援にも重きを置いている。対象が 6 歳までのため学齢期に入ってからの対応は必須と考えている。600 名の家族の中で 108 名は家族支援が必要なケースである。支援組織としては，1 つずつのサービス（計 5 つ）にディレクター（統括者）がいて，連携コーディネーターは各ディレクターをマネジメントしている。現在，アディショナルニーズのある対象児の割合は 30％だが，この数値を 40％に上げていきたいとのことである。その他，ペアレントトレーニングも実施していて，手話の伝達や脳性まひ児への対応なども行っているとのことである。

4. 日本における就学前機関から小学校へのスムーズな移行支援の実際

　ここでは，就学前機関から小学校へのスムーズな移行支援を展開している福岡県 A 市の事例を紹介し，日本における就学前機関から小学校への移行支援の課題等について検討していく。当市は就学前療育機関などの専門機関が限られていて，保育所・幼稚園等を含めた就学前機関から小学校等への適切な移行支援が進めにくい状況にあった。そこで通例，学校が中心となって実施している就学時健診を行政機関（保健福祉課や市の教育委員会等）や地域の療育機関，さらに大学等の研究機関が協働して関われるシステムを模索してきた。

　大学機関と協働で就学前の子どもたちの簡易アセスメントを実施し，気になる子どもとして認定（特定）された対象児に対するフォローアップを小学校入学後も適切に実施することで，子どもの将来像を見据えた支援が展開できるようになっている。とくに，移行時の引継ぎに関しては，机上で判定したり文書のみで引き継いだりするだけでなく，可能な限りお互いの顔が見える支援を心がけて進めている。A 市の人口は 10 万人弱で，市内の小学校が 23 校と比較的小規模な環境にあることも 1 つの要因ではあるが，地方自治体や地域の療育機関が中心となり，学校関係者を巻き込みながら，多機関が連携・協働して進めていこうとする関係者の強い意欲が発端となって形成されてきたシステムである。

　現在，A 市の子ども課や健康づくり課が中心となって，乳幼児健診や発達

図 2-5　子育て支援教室の活動場面

相談などを実施し，気になる子どもに関しては，その後の 5 歳児検診と合わせて，集団での療育活動（図 2-5）につなげたり，家族へのていねいな発達相談や就学相談を実施したりしている。とくに移行支援に際しては，家族の考えや想いなどを考慮しながら慎重に進めていくことが重要となるため，関係者が一同に会する移行支援キャンプを実施したり，中学校への移行支援を含めた入学後のフォローアップを適宜実施したりしている。地域の実情はそれぞれ異なるため，どこの地域でもできる内容ではないが，地域の多くの関係者が相互に連携し，子どもの応援団として有機的に関わっていくシステムは，就学前段階から学齢期段階に向けた継続性のある支援の展開につながっていくものと考える。

第 3 節　就学前機関における障害乳幼児の包括的な支援に向けて

1. 乳幼児期からの愛着形成の重要性

　児童発達支援ガイドライン［厚生労働省，2017］には，基本的事項の内容として「家族支援」の充実の内容が示されている。子どもに障害があるなしにかかわらず，とくに乳幼児期は母親との愛着関係を築いていく上で極めて重要な時期でもある。一般に，障害のある子どもの場合，両親が障害を受け止めるのにかなりの時間を費やすため，愛着関係の形成が遅れがちになったり，適切な愛着関係が成立しにくかったりすることが指摘されている［杉山，2007］。保

育所や療育機関等で支援に携わる者は，両親や家族の想いや悩みを受け止めつ
つ，彼らが積極的に自身の子どもの障害と向き合い，愛着の形成や適切な家族
関係が築けるように支援を進めていくことに留意すべきである。子どもが抱え
るマイナスの面だけではなく，プラスの面や発達の可能性を家族と共に見い出
しながら，子どもの見取り（アセスメント）の段階から保護者も一緒に参画で
きるような協働支援体制を整えていく必要がある。両親や家族が「自ら子育て
を楽しみ，子どもと共に成長していく」ことを目指すことが大切と考える。

　レイミーら［Ramey et al., 1990］は早期介入の成功の鍵となることについて，
以下の4点を挙げている。① Enjoyable：子どもや家族が楽しんでできること，
② Flexible：それぞれの子どもや家族のニーズに適応できること，③
Comprehensive：子どもの身体的・精神的な問題だけでなく，育児環境の問題
などにも対処できる包括的なものであること，④ Effective：子どもの成長・
発達に効果があることである。障害のある子どもを養育する保護者は，当初は，
障害を否定的なものとして捉えがちになる。しかし，たとえ障害があっても緩
やかではあるが生涯を通じて徐々に発達が促されていくことや，健常児と比べ
てゆっくり成長するところもあれば，優れているところが沢山あることなど，
支援者は常にストレングスの視点で子どものよい面を共に見出し，確認してい
く姿勢を持ち続けることが大切である。

　乳幼児期においては，両親，とくに母親の育児姿勢や育児環境を調整してい
くことが最も重視すべき課題である。健常児においても，就学前段階の愛着関
係の形成が，学齢期以降に子どもが示す問題行動や家庭環境の問題に結びつい
ていくケースが少なくない［岡田，2011］。その意味で，乳幼児期の障害児の
支援に携わる支援者・関係者は，ソーシャルワーク的な視点を持って，家族へ
の対応にも留意しながら支援に携わることが大切となる。

2. 就学前機関における包括的支援の実際と支援の指針

　近年の保育所等では，明らかな障害の認定を受けていたり，医学診断はなく
ても特別なニーズが考えられたりする子どもの増加傾向が確認されている。こ

うした状況を受けて，園全体で彼らに対する包括的な支援を展開している就学
前機関は相対的に増えつつある。子どもに分かり易いイラストで自分の荷物整
理を行ったり，子どもの刺激を抑制するために，プレイルーム等にある本棚を
布のカバーで覆ったり，推奨すべき行動を身に付けさせるために，プラスの要
素（「友達と仲良く遊ぶ子は」等）を示して子どもの意識を高めたりするなど，
在園する子どもの状況に応じて，創意工夫を凝らした支援を展開している機関
は多い（図 2-6）。このような園内における「ユニバーサルデザイン」の工夫は，
障害のある子どもたちだけでなく，在園する全ての子どもたちにも分かりやす
い環境となっている。特別なニーズのある個々の子どもへの対応と合わせて，
園全体で子どもが理解しやすい環境を工夫し（基礎的環境整備），個々の子ど
もに応じた対応（合理的配慮）を進めていくことが大切である。

図 2-6　園内における環境整備の一例

　以下では，筆者が関わってきた保育所や児童発達支援センター等の就学前機関への巡回支援の経験などを参考に，保育所や事業所等における家族支援の充実や，支援者・関係者として心がけるべき指針について紹介していく。

1）家族への支援に際しては，支持的・援助的対応を心がける

　就学前の子どもを養育する保護者，とくに母親は自身の子どもの成長・発達を願いながらも，発達の遅れや偏りがないかなど，期待と不安が入り混ざった感情を持つ場合が多い。とくに発達障害など，幼少期の段階では明確な診断が付けにくい子どもに対しては，家族，とくに母親との適切な愛着関係を形成していく意味で，支援者は常に「子どもの良い面を伝えながら，支持的・援助的に対応していく」ことが望まれる。

2）保護者の心情面に配慮した対応と障害の認定を急ぎ過ぎない対応を

　脳性麻痺などの明らかな障害がある場合，できるだけ早く医療機関を受診して，早期からの支援を展開していくことが，その後の子どもの成長発達を促すことにつながっていく。他方，発達障害などの比較的軽度な障害に関しては，地域の中で的確な鑑別診断が行える児童精神科医等が限られることなどから，診断を優先させるのではなく，適宜，保護者の相談に応じながら，緩やかに方向性を模索していくことを心がけるべきである。日本では診断が下された後のフォローアップや公的サポートが得にくい状況にあるため，診断を受けたことで前向きに対応できる保護者がいる一方，精神的な負担感が増してしまうケースも少なくない。子どもの年齢や発達の状況，保護者の心情面などを総合的に見極めながら，ていねいな相談支援を進めていくことが大切である。

3）家庭で子どもができること（お手伝いなど）を具体的に提案する

　園で実施している内容を家庭の中でも同様に実施してもらうことで，経験が積み上げられ（般化），将来的な社会生活力の向上につながっていく。こうした家庭との連携は不可欠であるが，昨今の保護者（母親）は仕事を持ちながら子どもの養育を行っている人が多いため，家庭でのお手伝いなどに対応しにくいことも考えられる。母親の負担を軽減できるような「家庭でできる簡易なお手伝い」を具体的に提案していく（例えば，タオルを5枚畳んでまとめる，食

事の準備として家族の分のお箸やスプーンを揃えるなど）ことが望まれる。

4）機関連携の必要性とジェノグラムやサポート手帳の活用を

　障害のあるなしにかかわらず，近年，虐待やネグレクト等，家庭環境にさまざまな課題を持つ家庭が増えつつある。こうした環境下にある子どもの支援では，保育所や児童発達支援事業所だけでは対応しにくいケースも散見される。地域の保健センターの保健師や児童相談所のソーシャルワーカーなどと連携しながら，本人および家族に対する適切な対応を検討していくことが望まれる。また，個人情報には十分留意した上で，家族の中でキーパーソンとなる（頼ることのできる）人物を特定するためのジェノグラムや，療育機関における支援の取り組みを集約したサポート手帳などを有効に活用していくことも大切である。

5）人間関係の育成を土台とした支援を心がける

　就学前段階の障害のある子どもの支援に関しては，担当の保育士や支援員との愛着関係の形成，家族以外の人との基本的な関係作りを進めていくことが大切となる。その上で，大人の即時的な対応が得やすい環境を準備し，障害のあるある子どもが成功感や達成感を体感できるような支援を展開していくことが望まれる。とくに言葉の発達に遅れや偏りがある場合，集団場面での関わりが適度な言語刺激となり，内言語の発達が促されていくことが指摘されている。障害のある子どもたちは自ら意図的に他者に関わっていくことは難しいため，支援者・関係者は本人と周囲の子どもたちとの"つなぎ役"になることが大切である。

6）小学校等へのスムーズな移行支援を

　小学校や特別支援学校等への就学に際しては，本人や保護者がその選択に悩み，迷うことが少なくない。どの学校種を選択するかも重要だが，就学後，保護者の要望に応じて，保育所等訪問支援事業などを活用しながら，卒園後のフォローアップを進めていくことも大切である。同様に，医療型の児童発達支援センターなどでは，特別支援学校等への医療的ケア児の対処内容等の引継ぎが不可欠となるため，さまざまな機会を通じて情報を具体的に伝達していくこ

とが求められる。こうした就学後のフォローアップに関しては，児童発達支援センター等の業務内容として義務づけられているものではないが，就学先へのスムーズな移行を展開していく上で，きわめて必要度の高い内容といえよう。

第4節　インクルーシブな社会の実現を目指して

1.　日本におけるインクルーシブ教育の現状と今後の展望

　日本は歴史的に障害のある子どもと障害のない子どもを別々に教育する分離型の教育制度を採用してきた。しかし近年，ユネスコのサラマンカ声明（1994年）や障害者権利条約の批准（2014年）の影響を受けて，国の教育政策は徐々に変化している。日本のインクルーシブ教育は，これまでの教育制度への変化を極力少なくした形で「共生社会」を段階的に実現する形で展開されてきた。現在，比較的障害が重度な子どもには，特別支援学校や特別支援学級などの普通教育と異なる教育の場が用意され，個々の子どもの状態に基づいた支援が展開されている。また，LD や ADHD などの比較的障害が軽度な子どもたちは，特別支援学級を利用したり，通常の学級に在籍しながら週に数日（または数時間），校内または近隣の学校に設置されているリソースルームを利用する「通級による指導」を活用したりしている。しかし，近年のインクルーシブ教育の理念の浸透に伴い，地方自治体の判断によって地域に在住する全ての子どもが通常の学級で教育を受けられる「フルインクルーシブ教育」のシステムを取り入れ，子どもや保護者の願いを可能な限り尊重していく学校が増えつつある。こうした学校では特別支援学級やリソースルームも設置されているが，多くの時間を通常の学級で過ごすシステムが取り入れられている。他方，インクルーシブ教育の推進に伴い，通常の学級に在籍する特別支援教育の対象となる子どもの障害の重度・重複化，多様化が進み，教室で十分な支援を受けることが難しくなっている現状もある。日本のインクルーシブ教育は未だ発展途上の段階にあると考えられるが，健常児にとっても，幼少期から障害のある子どもと接することで，お互いのことを理解し合い，障害や社会的弱者に対する差別や偏

見，潜在的な違和感などを軽減することにも通じていくと考えられる。

2. フルインクルーシブ教育を取り入れた小学校の取り組み

　ここでは旧来からフルインクルーシブ教育のシステムを取り入れている大阪府豊中市のB小学校の取り組みを紹介する。当校は全校児童数が700名程度の中規模校で特別支援学級は9クラス設置されているが，障害のある子ども（訪問時55名）は基本的に全て通常の学級で授業を受けている。この仕組みは当校だけでなく豊中市内の全ての小中学校で採用されている。豊中市では1978年に市の条例で「インクルーシブ教育基本方針」が策定され，たとえ重度な障害のある子どもであっても，本人や保護者が入学を希望するのであれば，全ての子どもに通常の学級で学ぶことを保障している。例えば，医療的ケアが必要な重度な障害のある子どもでも，市の教育委員会が必要に応じて看護師を派遣するなどして，インクルーシブな学習環境を整えている。図2-7は，当校で常時人工呼吸器を装着して授業に参加している6年生のC君が全校集会に参加し，クラスの子どもたちと一緒に活動している場面である。

　C君は常に医療的なケアを必要とするため，看護師が痰の吸引などの措置を

図2-7　全校集会での活動場面

行う際には，別室にある特別支援学級の部屋で措置を受けるが，それ以外の時間帯は，全て他の子どもたちと一緒に通常のクラスで授業に参加している。C君は言葉を話すことはできないが，入学から6年間，通常の学級で他の子どもたちと一緒に過ごしてきた。そのことでクラスの子どもたちの中に「クラスの友達の一人としてのC君」という意識が強く根付いている。ある日，担任の教師がC君の存在が他の子どもたちの負担になっているのではないかと考え，クラスの子どもたちに「C君に関するアンケート」を実施したところ，その時の子どもたちの反応としては「なんでそんなことを聞くんですか」「C君はクラスに一緒にいて当たり前の存在なのに，なぜ特別扱いするのか」という話が聞かれたとのことである。教師の方が，逆に子どもたちに教えられたというエピソードである。

　こうしたフルインクルーシブ教育の利点として，クラスの中で常に活動を共有することで，お互いに仲間意識が芽生え，自然と偏見がなくなっていくことが考えられる。どのような障害があっても，一緒に学校生活を送り，適切で理にかなった合理的配慮を受けることで，インクルーシブな社会，いわゆる「共生社会」の具現化につながっていくものと考える。

第5節　学齢期段階における知的障害児・ASD児の支援の実際

1. 日本の特別支援教育の現状と個別支援計画を基にした支援の展開

　現在，日本で特別支援教育の対象とされる子どもの数は581,481人で，全就学児の3.96%となっている［文部科学省，2021］。その内訳は，特別支援学校の在籍者が144,823人（0.99%），特別支援学級の在籍者が302,473人（2.06%），通級による指導を受けている人数が134,185人（0.91%）となっている。この数値を10年前の資料と比較すると，日本ではここ10年の間に，特別支援教育を受ける生徒数はほぼ倍増している状況にある。その他，通常の学級に在籍する特別な教育的支援を必要とする子どもの割合は，義務教育段階の子どもの約8.8%と推計されている［文部科学省，2022］。

　近年の特別支援教育の傾向として，とくに特別支援学級の設置数や在籍者数の増加傾向が顕著で，通級による指導の利用者数も格段に高まっている。他方，比較的軽度な障害の生徒たちに対しては，平成 30 年度より高等学校における「通級による指導」が開始され，令和元年度の段階で 134,185 名の生徒が高等学校の通常の学級の中で，個々のニーズに応じた指導を受けている状況にある［文部科学省，2020］。インクルーシブ教育を普及させていく意味でも，通常の学級の中で，特別なニーズのある子どもの実態に応じた「個別支援計画」を作成し，個に応じた支援を充実させていくことが望まれる。また，児童発達支援センターや療育センターなどでは，年齢の経過と共に保育所や幼稚園などを併用する子どもの割合が増えつつある。就学前段階から，地域の中で関係機関が連携し合い，一貫性のある包括的な支援を展開していくためにも，子どもの実

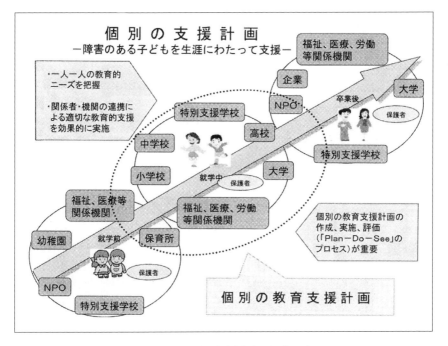

図 2-8　個別の教育支援計画作成の流れ

［文部科学省・2001 年「今後の特別支援教育の在り方について」（最終報告）より］

態や成育歴，教育・療育等での指導経過等を踏まえた「個別支援計画」は必要不可欠な支援ツールとなりえる。保育所や幼稚園等においても，障害のある子どものニーズを的確に読み取り，「個別の保育（教育）計画」を適宜作成しながら，個々の子どもの発達促進を展開していくことが望まれる（図2-8参照）。

2. 学齢期段階（特別支援学級，特別支援学校等）における支援の実際

1) 小学校特別支援学級における支援の実際（生活単元学習の実践から）

　特別支援学級や特別支援学校では，各教科や領域を合わせて指導する「生活単元学習」という指導形態が存在する。教科ごとに内容を教えることと合わせて，子どもの日常生活に根差した支援を展開する指導形態である。福井県のD小学校の特別支援学級では，在籍する3名の子ども全てがASDの診断を受けている。ASDの子どものそれぞれの発達段階を踏まえながら，さまざまな教育活動を通して，社会生活を営むための足掛かりとして体験的な学習に取り組んでいる。本事例は授業（単元）の中心的な活動として，子どもたちの大好きな電車（による校外学習）の授業に取り組んだ内容である。電車に乗って通過する駅名にシールを貼ってチェックするためのワークシート等を活用しながら，繰り返し，目的地まで電車を利用していくことで，社会のルールやマナーを覚えることなどを目指した事例である（図2-9）。

図2-9　生活単元学習の一環としての校外学習の活動場面（D小学校）

2）特別支援学校中学部における支援の実際（教科別「保健体育」の指導）

本事例は愛知県の E 特別支援学校の中学部の保健体育科の授業実践である。当校は ASD の生徒の在籍率が極めて高く，約 5 割を超える生徒たちが ASD の診断を受けていたり，その傾向があると考えられたりしている。そのため，学校全体で ASD の生徒に対する対策（授業場面の構造化，絵カード等の視覚教材の活用など）を進めている。本事例は，中学部の体育科の授業において，ASD の生徒に対して，柔道を取り入れた選択授業を行った内容である。

図 2-10 に示すように，さまざまな教材・教具（畳に名前シールを貼って個々の生徒の場所の理解を促す，柔道着の右襟に赤い布を左襟に青い布を縫い付けて，組手の練習に活かす（左手で赤を，右手で青を持つ）など）を工夫して，ASD の生徒の特性に配慮しながら，見通しを持たせる支援や，感覚の過敏さに対応した支援（柔道の有段者の教師を何秒抑え込むことができるかを競う楽しい「寝技ゲーム」を取り入れるなど）を実施してきたことで，ASD の生徒がとくに苦手とする対人関係の意識や社会性を広げることにつながった事例である。

3）特別支援学校中学部における支援の実際（ICT 機器を用いた指導）

近年の特別支援学校では，子どものコミュニケーション力を育てるために ICT 機器の導入が進められている。東京都の F 特別支援学校の中学部では，朝の会（日常生活の指導）を利用して，言語での発信が比較的弱い ASD の生

図 2-10　視覚支援や感覚の過敏さに配慮した活動場面（E 特別支援学校）

徒に対してICT機器の一つであるサウンドリーダーや音声ペンなどの支援機器を活用した取り組みを長年にわたり展開してきた（図2-11）。まず、朝の会で司会をするために、「言語・数量」の時間を利用して支援機器の扱い方に慣れさせると共に、カードなどで朝の会の流れを確認させていった。次に、繰り返しの学習によって支援機器が発する音声が相手に伝わることを体験させ、その後、朝の会で実際に支援機器を活用した取り組みを展開した。活動を通して自分の意思が他者に伝わることが理解でき、これまで以上に意欲的に取り組む場面が増えていった。こうした取り組みを中学部から高等部へ、さらに卒業後の移行先へつなげることで、生徒たちの生活の質はより豊かなものになるであろう。

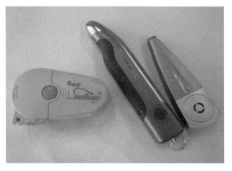

図2-11　朝の会の場面と自作教材のカードおよび支援機器（F特別支援学校）

3.　特別支援学校から就労先機関への密な連携の必要性

　知的障害や ASD のある生徒たちは，対人関係面でのさまざまな課題を抱え
ているが，任された仕事は一切手抜きをせずに一生懸命取り組むなど，素直で
真面目な一面を持ち合わせている。たとえ話し言葉を持たなくても，相手の気
持ちを思いやり，親切に接することのできる生徒や，気持ちが落ち込んでいる
生徒の隣に座って親身に声かけをして励ます生徒など，心根の優しい生徒たち
が多い。こうした姿勢や態度は療育や学校教育のみで培えるものでなく，幼い
頃からの家庭での養育や，過去のプラスの経験の積み重ねなどから派生してく
るものである。一般就労でも福祉的就労でも，個人のパーソナリティーが仕事
仲間に好影響を与え，作業効率を活性化させることにつながるケースは少なく
ない。話し言葉を持たず，障害の程度が重いからというだけで一般就労を諦め
るのではなく，学校や家庭，就労移行支援機関等が密に連携し合い，個々の生
徒に適した職場や仕事を見出していくことを心掛けることが重要である。

　とくに民間企業では，勤務する同僚たちとの関係性が職場定着に影響するこ
とが多い。ジョブマッチングなど，本人の特性と仕事内容の対比だけでなく，
職場内の人間関係をどのように築いていくのか，職場の上司や同僚たちに知的
障害や ASD のある人の特性や配慮の在り方などを如何に正しく理解してもら
うかなども，学校と民間企業，両者に共通する課題である。その意味では，個々
の生徒の特性や作業能力，職場での配慮事項等を詳細に記した「個別移行支援
計画」を移行先の機関に丁寧に伝達し，職場内の理解を促していくことが大切
である。とくに，新しい職場環境で混乱が予測される生徒に対しては，「個別
移行支援計画」の有効活用と共に，face to face での顔の見える有機的な連携
を進めていくことが不可欠と考える。また，就職した後，何らかの事情によっ
て人間関係等でつまずき，離職に至るケースも少なくない。学校では卒業後の
青年学級や卒業生の集い（同窓会）などを定期的に開催し，離職した卒業生の
相談に気軽に応じられる仕組みを確立することや，学校の進路指導担当者がハ
ローワークや就労移行支援事業所等と密に連携を深めていくことで，移行期の
知的障害や ASD のある生徒たちの支援は，より充実したものとなるであろう。

〔文献〕

安藤正紀・阿部美穂子・松川節理子・飯村敦子・上原淑枝・小林保子・是枝喜代治 2017 オーストラリア（ニューサウスウェルズ州）における乳幼児の支援と特別支援教育の現状 児童研究，96 巻，pp.44-51.

Dunst, C. J. & Trivette, C. M. 1987 Enabling and empowering families. Conceptual and intervention issues. *School Psychology Review*, 16, 443-456.

福岡県糸島市子育て支援センター・是枝喜代治 2011 「みんなで応援団方式」による多機関の連携 実践障害児教育，学研教育出版，462 巻，pp.58-59.

勝矢正代・是枝喜代治 2009 大好きな活動を活かした生活単元学習―「のりもの」を柱とした学習活動 実践障害児教育，学研教育出版，431 巻，pp.54-55.

是枝喜代治 2018 幼児期における特別なニーズのある子どもの支援に関する研究 ライフデザイン学研究，13 巻，pp.107-131.

是枝喜代治・菅原麻衣子・角藤智津子・鈴木佐喜子・長谷川万由美 2018 デンマークにおけるインクルーシブ教育の実際 ライフデザイン学研究，13 巻，pp.295-320.

是枝喜代治 2021 日本における早期療育システムの現状と課題―米国における IFSP との比較から― ライフデザイン学研究，16 巻，pp.343-358.

厚生労働省 2017 児童発達支援ガイドライン

松川博茂・是枝喜代治 2005 楽しい柔道の授業―視覚支援も使い，分かりやすく 実践障害児教育 学研教育出版，384 巻，pp.54-55.

文部科学省 2020 特別支援教育資料（令和元年度）

文部科学省 2021 特別支援教育資料（令和 2 年度）

文部科学省 2022 通常の学級に在籍する特別な教育的支援を必要とする児童生徒に関する調査結果について
https://www.mext.go.jp/b_menu/houdou/2022/1421569_00005.htm

根本文雄 2012 今日も 1 日，楽しく過ごそう 宮崎英憲・是枝喜代治（編著） 個別の指導計画を活かした学習指導案づくり 明治図書出版，pp.92-97.

岡田尊司 2011 愛着障害―子ども時代を引きずる人々― 光文社新書

Ramey, C. T., Bryant, D. M., & Suarez, T. M. 1990 "Why, for whom, how, and at what cost?" *Clinics Paleontology*, 17 (1), 47-55.

杉山登志郎 2007 子ども虐待という第四の発達障害 学研教育みらい

コラム 1

療育機関，障害児者支援施設等で活用できるアセスメント

1. アセスメントを実施することの意義と目的

アセスメント（assessment）とは，評価や査定を意味するが，療育等の現場で実施されるアセスメントは評価と支援を一体化したものと捉えられている。知能指数（IQ）などの数値を導き出すだけでなく，利用者の強みや弱みなど，さまざまな心理・行動特性などを把握し，支援に生かすことを目的としている。

また，特別支援学校の教育現場や障害児者支援施設などで作成される「個別支援（指導）計画」等にも活用されている。アセスメントには，対象者の行動を観察してその時の状態像を把握する行動観察法を用いることが多い。他方，療育機関等では標準化された心理検査・発達検査等を用いて，対象者の状態像をある種の客観的な尺度に基づいて把握する手法が取り入れられている。こうした客観的で標準化されたアセスメントは，個別支援計画を作成する上で参考となるもので，日々の支援の効果や計画の妥当性なども検証できる。ただし，アセスメントの実施には時間がかかり，対象者に負担を強いることも少なくないので，できるだけ負荷がかからない環境下で実施することが望ましい。ここでは療育機関等でよく用いられるアセスメントの幾つかを紹介する。

2. アセスメントの種類

アセスメントはさまざまな種類に分類される。一般に，面談・行動観察法，スクリーニングテスト，心理検査，発達検査，性格検査，環境アセスメント（家族関係，両親，学校，地域等）などに分類されている。

1）心理検査

知能指数（IQ）等を測定する心理検査には，ウェクスラー式知能診断検査（WIPPSI・WISC・WAIS）などが用いられている。その他，療育機関等では

田中ビネー知能検査Ⅴ，K-ABC心理・教育アセスメントバッテリーⅡ，グッ
ドイナフ人物画知能検査（DAM）なども活用されている。グッドイナフ人物
画知能検査（DAM）は紙と鉛筆があればどこでも手軽に実施できる検査で，
子どもに対して「男の子を一人描いてください。できるだけ細かく描いて下さ
い」と教示し，描かれた人物画から発達の度合いや動作性のIQを導き出せる
（適用範囲は7歳までで，知的障害のある人には学齢期段階でも適応可能とさ
れる）。

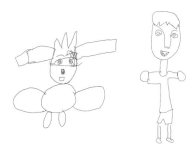

知的障害のある子どもが描いた人物画（グッドイナフ人物画知能検査）

2）発達検査

　発達検査は生活年齢が低い子どもや言語理解が十分でない子どもたちに用い
られることが多く，精神年齢（MQ）や発達指数（DQ）などを算出して評価
していく。個々の利用者の実態把握に向けて，全ての対象者に発達検査を実施
して個別支援計画の作成に活かしている機関もある。療育機関等では，遠城寺
式乳幼児分析的発達検査，新版K式発達検査，KIDS乳幼児発達スケール，日
本版デンバー式発達スクリーニング検査などがよく用いられている。保護者や
関係者など，対象児のことをよく理解している人の情報を参考にすることで，
比較的，短時間で実施できる検査もある。

　日本版デンバー式発達スクリーニング検査は，乳児期から幼児期にかけての
子どもの全面的な発達について，健常児の定型発達からの逸脱の度合いや偏り
の傾向を見ることで，その時点での対象児のおおまかな発達の度合いや傾向

（生活年齢は 3 歳だが，精神年齢は 2 歳程度の段階にあるなど），支援が必要な領域などを把握できる検査とされている。①個人 − 社会，②微細運動 − 適応，③言語，④粗大運動の 4 分野（領域）に大別され，現在では，DENVER II（デンバー・ツー）が用いられている。

　例えば，下の図にある「バイバイをする」という評定項目は，一般的に 8 か月〜11 か月の間で約 8 〜 9 割程度の子ども達が通過できる項目となっている。こうした対象児の発達の状況を大まかにチェックし，相対的な発達の状態像を把握することで，その後の支援に役立てていくことが可能とされている。

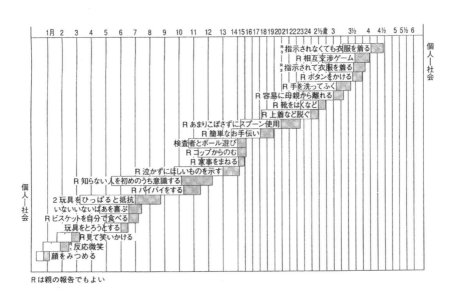

日本版デンバー式発達スクリーニング検査（個人−社会の領域）

3.　自閉スペクトラム症（ASD）の実態把握に活用できる検査

　ここでは自閉スペクトラム症（ASD）の実態把握に活用できる検査のいくつかを紹介する。ASD の傾向があるかどうかを把握する簡易なスクリーニング検査としては，AQ（Autism-Spectrum Quotient：日本語版自閉症スペクトラム指数）などが活用できる。児童用の適用範囲は 6 歳〜15 歳で，成人用の

下位検査粗点

年齢（月）	CVP	EL	RL	FM	GM	VMI	PSC	年齢（月）
83	68						26	83
82	・						・	82
81	・						・	81
80	・						・	80
79	・						・	79
78	67						25	78
77	・						・	77
76	・	50					・	76
75	・	・					・	75
74	・	49					・	74
73	66	・					・	73
72	・	48					・	72
71	・	・					24	71
70	・	47					・	70
69	65	・	38				・	69
68	・	46	・				・	68
67	・	・	・				・	67
66	・	45	・				・	66
65	(64)	・	・				・	65
64	63	44	37				・	64
63	62	・	・				・	63
62	・	43	・				・	62
61	・	・	・				23	61
60	61	・	・				・	60
59	・	・	・				・	59
58	60	42	・				・	58
57	・	・	・				・	57
56	59	・	36				・	56
55	・	41	・				・	55
54	58	・	・	(40)			・	54
53	57	・	・	・			・	53
52	・	40	35	・			22	52
51	56	・	・	39			・	51
50	55	・	・	・			・	50
49	54	39	・	・			・	49
48	53	・	34	・			・	48
47	52	・	・	・			・	47
46	51	38	・	38			21	46
45	50	・	33	・			・	45
44	49	・	・	・			・	44
43	48	37	・	・			・	43
42	47	・	・	37		20	・	42
41	46	・	・	・		・	20	41
40	45	36	・	・		(19)	・	40
39	44	・	・	36	・	・	・	39
38	43	・	32	・	(30)	・	・	38
37	42	35	・	・	・	18	・	37
36	40-41	・	・	35	29	・	・	36
35	39	34	・	34	・	・	(19)	35
34	37-38	33	31	・	28	17	・	34
33	36	32	・	33	27	・	・	33
32	35	31	・	32	26	16	・	32
31	33-34	30	(30)	31	25	15	・	31
30	32	29	29	30	24	14	18	30
29	31	28	28	29	23	13	・	29
28	29-30	(26-27)	27	28	22	12	17	28
27	27-28	25	26	27	21	11	・	27
26	26	23-24	25	26	20	10	16	26
25	24-25	21-22	24	25	19	9	15	25
24	22-23	19-20	22-23	24	18	8	14	24
23	21	16-18	20-21	21-23	17	・	13	23
22	20	13-15	18-19	18-20	15-16	7	11-12	22
21	19	9-12	16-17	17	14	6	9-10	21
20	18	8	13-15	16	12-13	・	7-8	20
19	17	7	11-12	15	11	5	6	19
18	16	6	10	14	10	4	・	18
17	14-15	・	・	12-13	9	・	5	17
16	12-13	5	9	11	8	3	・	16
15	10-11	・	8	10	7	・	・	15
14	9	・	7	9	6	・	・	14
13	8	4	・	・	5	2	4	13
12	6-7	・	6	・	・	・	・	12
＜12	＜6	＜4	＜6	＜8	＜4	＜2	＜4	＜12

	CVP	EL	RL	FM	GM	VMI	PSC
合格得点	31	11	14	20	15	9	8
芽生え得点	2	5	2	0	0	1	3

PEP-3 の下位検査のプロフィール図

適用範囲は 16 歳以上となっている。質問項目はそれぞれ 50 項目用意されていて，各下位尺度の得点と AQ 得点（総合得点）を導き出すことができる。

　CARS 2 日本語版（小児自閉症評定尺度 第 2 版）は，ASD の診断評価やその重症度を測定できる検査である。標準版と高機能版があり，それぞれ 15 の尺度からなる子どもの行動について，観察による評価を実施し，自閉症の有無や自閉性の程度について把握することができる。標準版の適用範囲は 2 歳〜 6 歳未満で，高機能版は 6 歳以上で流暢に話のできる者が対象とされている。

　自閉症・発達障害児教育診断検査（PEP-3）は ASD に特有の学習や行動の特徴，発達のアンバランスさなどを把握する検査で，適用範囲は 2 歳〜 12 歳とされている。PEP-3 では，養育者レポートを取り入れることで，家庭と学校での教育的試みを調整するのを助けることが可能とされている。

4. アセスメントを実施する際の留意点

　アセスメントの実施に際しては，特に対象児者本人の心理状態に充分留意して実施する必要がある。お互いの信頼関係の構築が基本となるだろう。また，個人情報の守秘義務や情報開示等には充分留意し，関係者に対して的確にフィードバックしていくことが求められる。本人や保護者，関係者の利益のために行うことが大前提となる。保護者への伝達に際しては，アセスメントはあくまでも個人の一側面を測るもので，結果として出された数値や評価等がその人の全てを物語るものではないことを丁寧に伝えていくことが望まれる。

〔文献〕

エリック・ショプラー／茨木俊夫　2007　自閉症・発達障害児教育診断検査　川島
　　書店

小林重雄（編）　1989　DAM グッドイナフ人物画知能検査 新版　三京房

上田礼子／フランケンバーグ　1983　日本版デンバー式発達スクリーニング検査
　　医歯薬出版

知的障害児者，ASD 児者の行動調整に応用できる種々の支援法

　子どもの発達促進の方法に関して，全国の児童発達支援センターに対して実施したアンケート調査の結果などを参考に，知的障害や ASD のある人の行動調整などに活用できる種々の支援方法や支援の枠組みについて紹介していく。

1.　児童発達支援センターの社会調査から

　ここでは筆者が実施した全国の児童発達支援センターに対するアンケート調査（2020 年実施）の結果から，児童発達支援事業で取り入れられている種々の支援方法について紹介する。調査は全国の児童発達支援センターに悉皆調査を実施し，有効回答のあった 154 機関（回収率：30.9％）を分析対象とした。

　「発達促進の方法」（比較的よく取り入れられている方法論を複数可として提示）についての質問項目で最も回答が多かったものは，感覚統合療法の 92 機関（59.7％）で，次に TEACCH プログラムの 59 機関（38.3％），以下，ペアレントトレーニングの 55 機関（35.7％），応用行動分析アプローチの 49 機関（31.8％），スヌーズレンの 42 機関（27.2％）という結果であった。

　全体的に「感覚統合療法」「TEACCH プログラム」「応用行動分析アプローチ」など，対象児の感覚や運動，動作等の発達促進に関連した支援方法や，ASD を含む知的障害や発達障害のある児童に対する支援方法の割合が高かった。今回の調査では ASD 児のセンター利用率が相対的に高かったことなどが影響し，活動場面の構造化を用いた「TEACCH プログラム」（38.3％）や保護者支援に関係する「ペアレントトレーニング」（35.7％）等への回答率が比較的高く示されたものと考えられる。いずれにせよ，現場では多様な支援方法等を試みながら，日々の療育が展開されていることが垣間見える結果でもあると考える。

	項　目	回答数	実施率
1	感覚統合法	92	59.70%
2	TEACCH プログラム	59	38.30%
3	ペアレントトレーニング	55	35.70%
4	応用行動分析アプローチ	49	31.80%
5	スヌーズレン	42	27.30%
6	マカトンサイン法	30	19.50%
7	ムーブメント教育・療法	23	14.90%
8	ポーテージプログラム	20	13.00%
9	AAC（拡大・代替コミュニケーション	15	9.70%
10	モンテッソーリ教育法	7	4.50%
11	動作法	6	3.90%
12	NC プログラム	4	2.60%
13	その他	35	22.70%
	計	456	

利用者に対する発達促進の方法（Total-N = 154）

2.　ASD 児者等の行動調整に生かせる環境設定の工夫

1）TEACCH プログラム（第3章第4節を参照）

　TEACCH プログラムとは，ASD のある人やその家族の生活を生涯にわたって支援していくための包括的プログラムとされている。米国ノースカロライナ州の公的事業として実施され，CARS や PEP-3 などのアセスメントを基に，関係者が連携し，個別の支援プログラムに沿って包括的な療育が進められていく。TEACCH プログラムに関連した実践として「構造化」という手法が用いられている。この構造化は，学習や生活場面において環境設定やスケジュールの提示などを行い，これから何をすべきかを理解しやすく提示する方法である。

　ASD はコミュニケーションや認知面，社会・行動面など多様な側面に影響を及ぼす脳機能の障害とされるため，一貫性のある包括的な療育や支援が必要

遊び場面での選択の一例　　　作業場面でのスケジュールの構造化

となる。TEACCH プログラムは，ASD 児者の発達の偏り（言葉やコミュニケーション，対人関係の課題等）を矯正していくのではなく，発達のアンバランスさを的確に捉え，個々人の優れた部分をより伸ばせるように支援することを目的としている。TEACCH プログラムは，特定の支援方法というよりは ASD のある人達を主な対象とした「支援の包括的な枠組み」として捉えられている。

2) 応用行動分析アプローチ

　応用行動分析アプローチは，米国のスキナーが創設した「行動分析学」の一つの領域とされる。人間や動物の行動には種々の法則があり，その行動を分析することで，社会的に問題となる行動を解決していく考え方に基づいている。

　応用行動分析学（Applied Behavior Analysis：ABA）では，改善したい行動がある場合，その行動自体に着目せず，その行動が何によって強化されているかに着目していく。行動が強化されてしまう要因を探り，それを軽減する方向性の支援を検討していく一連のアプローチである。応用行動分析では，問題となる行動が生じる強化子を見つけるため，行動の前後の出来事を次頁の図の3つの要素に分けて分析していく。英語の頭文字をとって「ABC 分析」と呼ばれる。

　問題となる行動が，①どのような時に（環境の不全や個人の欲求がある時など）どのような事をきっかけとして（近くに苦手な利用者の方がいたなど），

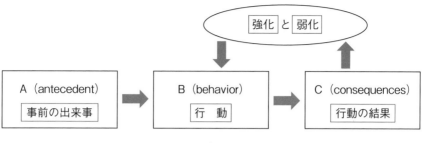

ABC 分析の流れ

②どのような行動として現れ（イライラして人や物に当たるなど），③どのような結果となったのか（普段以上に他害行為がエスカレートするなど）などの過程を分析することで，良い行動を促すきっかけを作ったり，報酬（好きなこと（遊びや作業等）ができるなど）を得られるように行動を強化したりして，問題となる行動を軽減していく（弱化）ことを想定したアプローチとされている。

3) 感覚統合療法／ムーブメント教育・療法

　感覚統合療法とは，米国のエアーズによって提唱された療法で，子どもの神経学的プロセスに応じて種々の感覚刺激を与え，適応反応を引き出すことを目的としている。療育場面でよく見られる「ブランコ乗り」「吊り下げ遊具（スイングボード)」「スクーターボード」等を使い，子どもに前庭感覚刺激を与えていく。感覚統合療法では，ASD に限らず，手先が不器用で姿勢をしっかり維持できない，動作が緩慢であるなどの運動や動作面の諸課題に着目し，運動と知覚の関係を神経生理学的見地から分析すると共に，認知・学習・社会的適応性の獲得を目指していく。具体的には，「スクーターボードに乗って姿勢を保持して移動する」「ボールプール内で身体を動かす」「トンネルをくぐったり梯子を登ったりして運動企画能力の育成を目指す」活動などが展開されている。

　同様に子どもの感覚や運動にアプローチしていく方法として，米国のフロスティッグによって体系化されたムーブメント教育・療法がある。この支援法は，ピアジェの発達理論に基づいて考案された支援法で，ロープやフラフープなど

ムーブメント教育・療法を用いた活動場面（地域支援の活動場面から）

の身近な遊具，トランポリンやパラシュートなどの大型遊具を効果的に活用し，子どもの自発性や主体性を尊重しながら，自ら遊びたくなる，動きたくなる環境を整備して，調和のとれた発達を促すことを目指している。特別支援学校をはじめ，保育所や児童発達支援事業所などでも活用されている。

〔文献〕

ジーン・エアーズ／岩永竜一郎（監訳）2020　感覚統合の発達と支援─子どもの隠れたつまずきを理解する　金子書房

小林芳文　2006　ムーブメント教育・療法による発達支援ステップガイド　日本文化科学社

是枝喜代治　2022　就学前機関における児童発達支援の実際　日本特殊教育学会第60回大会論文集

村本浄司　2020　施設職員 ABA 支援入門：行動障害のある人へのアプローチ　学苑社

佐々木正美　2008　自閉症児のための TEACCH ハンドブック　学習研究社

第3章　入所支援施設での支援

1995年というと，今からもう30年近く前になる。この年の新語・流行語大賞のトップ10に入賞した言葉に「変わらなきゃ」があった。本章を執筆するにあたって，最初に浮かんだ言葉である。入所支援施設はこの30年間，変わってきたのだろうか。もちろん，いいものは変わる必要はないが，変わるべきところが変わらないのは問題である。この30年間，社会の情勢も大きく変わってきた。その社会の変化に応じて変化することができたのだろうか。残念ながらそうとは言えない現状があるように思う。では，何をどのように変えていけばいいのだろうか。そんな視点から考えてみたい。

第1節　はじめに

冒頭に記したように，入所支援施設が変わることができたのか，を考えるきっかけとなったのが，本書の「解説」を執筆している髙山和彦氏が2013年に『さぽーと』という月刊誌に寄稿した特集記事である。そこで語られている内容を引用させていただく。

「重い障害のある知的障害者の生活空間は施錠により自由が制限され，個人の所持品は著しい制約を受け，社会的な接触の機会も極度に少なく日中活動も職員の配置条件から組み立てることが困難な中で，フロアーに寝ころび衣類の端をくわえ，常同行為を繰り返す高齢知的障害者を見受けることがあります。あろうことか，その行為を個人の選択だと見守り，それが支援スタッフの業務だと思っている職員が増えています。言葉での表現が至難なうえに，無表情と

なり意思表出も減少する。それは個性ではない。長期収容という貧困な状態，環境に留め置かれた結果です」［高山，2013］。

　入所施設での支援において，支援者が頭を悩ませている問題のひとつに，利用者の不適応行動がある。「フロアーに寝ころび衣類の端をくわえ，常同行為を繰り返す」といった行動や，いわゆる行動障害といわれる行動である。この記事が教えてくれるのは，このような行動は，自由が制限され，社会参加が制約され，不十分な日中活動という社会的な環境に加え，支援者の無理解という人的な環境によって引き起こされている，ということである。

　この記事には衝撃を受けざるを得なかった。筆者が障害者福祉の現場に携わるようになったのが1990年だった。その当時，ある入所施設を訪問したことがあり，その時の様子がまさに高山氏が指摘しているような状態であったのを今でもはっきりと覚えている。つまり，20年以上たってもなお，入所施設は変化していなかったことになる。さらに，この記事から10年を経た2023年にも，同じような入所施設の実態は残っている。この特集記事の表題は「施設入所支援とは何か，私たちに問われている課題」である。つまりは30年以上，同じ課題が問われ続けていることになる。

　この30年間で，入所支援施設は何が変わってきたのだろうか。2006年に障害者自立支援法が施行され，2013年には「障害者の日常生活及び社会生活を総合的に支援するための法律」（以下「障害者総合支援法」）に改訂された。法律・制度上は大きな変化があった。では，入所支援施設の現場では何がどう変わってきたのだろうか。

　本書はこれから入所支援施設で支援者になろうとしている方，支援者となって間もない方に向けた書籍である。本章では今の入所支援施設はどのようなものなのか，これからの入所支援施設はどうあるべきなのか，を見ていきたい。

- 第 3 章　73

第 2 節　入所支援施設の役割

1. 入所施設の定義

　入所支援施設とは，自宅で家族と生活したり，1 人暮らしをすることが難しい障害のある方が生活をする場所である。そこでは，生活全般に対する支援が提供される。具体的には，食事，入浴，排せつの介助が必要な場合もある。日々の暮らしを豊かにするための日中活動も行っている。そんな入所支援施設は，法律上どのように定義されているだろうか。

　現在の法律である障害者総合支援法では，『障害者支援施設』が正式名称であり，法律の第 5 条第 12 項に「主として夜間において，入浴，排せつ又は食事の介護その他の厚生労働省令で定める便宜を供与すること」が施設入所支援であるとしている。そして第 5 条第 11 項に，「施設入所支援を行うとともに，施設入所支援以外の施設障害福祉サービスを行う施設」を障害者支援施設と呼ぶと規定されている。「施設入所支援以外の施設障害福祉サービス」とは，生活介護事業や就労継続支援事業といった，主に日中の活動を保障するためのサービスが想定されている。

　つまり入所支援施設とは，24 時間 365 日，障害者の生活を保障するための介護や，生活に関するさまざまな支援を提供するとともに，日中の活動を保障することによって，生きること全般に対して一体的に支援するための施設である。

　同じように生活の場を保障するための障害福祉サービスに共同生活援助事業がある。いわゆるグループホームである。グループホームは，生活の場を提供するという意味では，入所支援施設と同じであるが，日中の活動は他の事業所を利用しているため，一体的な支援にはなっていない。また，入所支援施設は定員が 30 名以上で，平均すると 50 名程度の定員であるのに対して，グループホームは 2 名以上，大きくても 10 名までと小規模である。

2. 入所支援施設の変遷

　現在は，障害者総合支援法によって，施設入所支援が規定されているが，知的障害のある方々への支援の始まりは，法律や制度がなかった時代に遡ることができる。

　入所施設の始まりは，滝乃川学園であるとされている。1891（明治24）年10月28日に岐阜県，愛知県を中心にして発生した濃尾地震で被災した孤女の救済のために石井亮一は孤女学園を設立した。そこにいた知的障害児の教育が必要であると考え，1897（明治30）年に滝乃川学園と改称して知的障害児の教育を始めたことが始まりとされている。

　滝乃川学園に続き，1909年に脇田良吉が白川学園，1916年に岩﨑佐一が桃花塾，1919年に川田貞治郎が藤倉学園，1923年に岡野豊四郎が筑波学園，1928年に久保寺保之が八幡学園，1931年に田中正雄が六法学園をそれぞれ開設している。ここまでは第二次世界大戦以前の歴史であるが，戦後の1946年に糸賀一雄が近江学園を開設した。糸賀一雄は，「この子らを世の光に」というメッセージで有名である。その翌年の1947年に児童福祉法が制定され，それまで民間の篤志家によって行われてきた「精神薄弱児施設」が制度化された。このように，戦前から戦後にかけての知的障害への支援は，児童を対象とした施設が中心であった。

　その後，18歳を超えてもなお施設に留まらざるを得ない知的障害者の過齢児問題が大きくなり，1960年の精神薄弱者福祉法（現在の知的障害者福祉法）が制定・施行されたことで，成人期の障害者施設が制度化された。この時の施設は「精神薄弱者援護施設」と呼ばれ，「十八歳以上の精神薄弱者を入所させて，これを保護するとともに，その更生に必要な指導訓練を行なう施設とする」とされていた。この法律が施行されたことによって，地域から離れた入所施設で〈保護〉するという考え方を基に，入所施設の増設，大規模化が進められていった。

　日本でこのような入所施設の増設・大規模化が進められていたころ，北欧では新しい動きが始まっていた。

1950 年代に，デンマークの知的障害者施設が非人間的であるとして問題視したバンクミケルセン（Bank-Mikkelsem, N. E.）が，知的障害者にも「普通の暮らし」を送る権利があるとするノーマライゼーションの理念を打ち出した。1969 年にはスウェーデンのニィリエ（Nirje, B.）がノーマライゼーションの「8 つの原則」を提唱し，そこから 1994 年には施設を解体するための制度が整備された。

さらに，同年，障害の有無にかかわらず，誰もが同じ環境で教育を受ける権利があるとするインクルーシブ教育の考え方がサラマンカ宣言によって提唱された。このインクルージョンの考え方が，ノーマライゼーションを発展させた考え方として広まり，施設解体，脱施設化が進められるようになっていく。

このような流れの中で，1981（昭和 56）年は，国連によって国際障害者年とされ，「完全参加と平等」がテーマとされた。このころから日本でもノーマライゼーションという言葉が広まっていく。

日本では，2002 年 12 月に閣議決定された「障害者基本計画」で「入所施設は，地域の実情を踏まえて，真に必要なものに限定する」とし，地域生活への移行を推進する方向に転換された。北欧と比べると 30 年ほど遅れていることになる。

3. 入所支援施設の実態

近年の入所支援施設は，高齢化が問題となることが多い。また，行動障害といわれる不適応行動が顕著に表れている利用者も多く入居している。さらには，矯正施設を退所した犯罪歴のある障害者も入所している。

厚生労働省が行っている令和 3 年社会福祉施設等調査によれば，2021 年に入所支援施設は全国に 2,573 か所あり，利用者総数は 149,826 名，そのうち療育手帳を所持している，つまり知的障害の判定を受けている利用者は 109,534 名と全体の 73.1% である。

身体障害や精神障害のある方も利用することができるが，圧倒的に多いのが知的障害や自閉スペクトラム症の方である。それも，重度・最重度といわれる

知的障害をもつ方が多い。

　公益財団法人 日本知的障害者福祉協会の令和3年度 全国知的障害児者施設・事業実態調査報告書によると，回答のあった入所支援施設のうち，知的障害者の利用者は 67,218 名で，そのうち最重度・重度の障害をもっている利用者は 51,920 名で 77.2%と高い割合になっている。

　DSM-5［高橋・大野，2014］の知的能力障害（知的発達症）の重症度によれば，重度は，「通常，書かれた言葉，または数，量，時間および金銭などの概念をほとんど理解できない」程度の障害のレベルであり，「障害を通して問題解決にあたって広範囲に及び支援」が必要とされる。また，「話し言葉は語彙および文法に関してかなり限られる」こと，「食事，身支度，入浴，および排泄を含むすべての日常生活上の行動に援助を必要とする」。最重度は，「概念的な技能は通常，記号処理よりもむしろ物理的世界に関するもの」で，「会話や身振りにおける記号的コミュニケーションの理解は非常に限られている」。また，「日常的な身体の世話，健康，および安全のすべての面において他者に依存するが，これらの活動の一部に関わることが可能なことがあるかもしれない」とされている。

　このように，重度・最重度といわれる知的障害がある場合には，日常生活上でさまざまな支援が必要な上，言語によるコミュニケーションにも大きな制約がある。したがって，言葉をかけるだけの指示では，何を求められているのかがわからず，行動に移すことができなかったり，行動そのものができないこともある。そのような一人ひとりの状況をきちんと把握して，どのような支援が必要なのかをしっかりと捉えたうえで支援をしなければならない。

　「言ってもわからない」「指示通りに動かない」などというのは，一人ひとりの状況が把握できていないことから生じるものであり，本人の課題ではなく，支援者の課題であることが多い。この状態が続くと，「何でできないの」「何度も言ってるよね」といった感情的な対応になり，結果として虐待にまで発展してしまうことがあるので，注意が必要である。

　知的障害者の場合，障害のない人と比べて，10年程度老化が早く進行する

といわれている。したがって，高齢化が問題となるといった場合の高齢者には，50 歳以上の知的障害者含まれていると考えられる。そこで，利用者を年齢群別でみると，50 歳以上の知的障害者は 37,484 名で，全体の 67,218 名に対して 55.8％と，約半数が高齢と呼ばれる年齢に達していることがわかる。また，認知症の診断を受けている利用者は 1,026 名で全体の 1.5％である。

　高齢になれば，自然と身体的，精神的な変化が現れてくる。筋力が低下して，歩く速度も遅くなる。全体的に疲れやすくなり，集中力も低下してくる。そのような加齢による変化を把握して，必要な支援を追加していくことが必要になる。そこで大切なのが，加齢によるさまざまな低下をできるだけ緩やかにしていくことである。つまり，老化予防である。低下してからではなく，その前の年齢段階から，低下を予防するような取り組みが必要であろう。低下をしてしまってからは，どうしても支援量は増えざるを得ない。そうなれば，支援者の負担も大きくなる。半数近くが高齢による機能・能力の低下が生じていれば，それだけ支援量は多くならざるを得ない。

　なお，在籍年数では，10 年以上在籍している障害者が 48,966 名で全体の 72.8％である。20 年以上在籍している障害者も 31,615 名（47.0％）と約半数が 20 年以上同じ場所での生活を続けていることになる。何十年も生活をしている場から，移行するのは心理的にも大きな負担となる。地域生活への移行を考えるのであれば，やはり短い期間で移行ができるようにしたいものである。このことからも，ある程度期限を決めて，支援を組み立てていく必要があるのではないだろうか。

　合併症の状況を見ると，自閉スペクトラム症が 10,990 名で 16.3％，統合失調症が 5,219 名で 7.8％，気分障害が 1,681 名で 2.5％となっている。また，てんかんの診断を受け，服薬している利用者が 21,409 名で，全体の 31.9％と高い割合である。

　これまでできていたことができなくなるといった問題が生じることがある。また，行動問題といわれるような不適切な行動が発現することもある。その原因を探っていくと，高齢になり，さらに認知症が発症したことによって行動が

変化することもあるが，比較的若い年齢段階では，合併症が原因である場合がある。日々の支援での工夫も必要であるが，合併症が発現しているのであれば，適切な医療的対応も必要である。その医療への橋渡しは，支援者による気づきから始まる。普段から一人ひとりの状態をしっかりと観察し，変化が現れた時に，適切な対応ができるようにしておくことは重要である。なお，合併症の問題については，第1章を参照してほしい。

　犯罪により，矯正施設，更生保護施設，指定入院医療機関を退所・退院し，入所支援施設を利用している知的障害者は142名で全体の0.2％である。実数は少ないが，このような課題を抱えている知的障害者がいること，そして適切な支援が必要であることは明らかである。通常の支援に加えて，さらに専門的な支援方法が必要となることは間違いない。触法障害者などと呼ばれることがあるが，このような障害者を受け入れる入所支援施設が少ないことも指摘されている。

4. 入所支援施設のこれから

　本来であれば，地域の中で他の人たちと同じように生活できれば何の問題もない。ところがそのあたりまえのことがかなわない現状がある。地域社会が知的障害者を受け容れてくれない，本人が困ったときにすぐに助けてくれるようなサービスが十分ではないなど，要因はさまざまである。

　そんな人たちに生活する場を保障しているのが入所支援施設である。

　過去には，保護することが最大の目的として入所支援施設が造られてきた。

　地域での生活がかなわない人たちを保護するという視点で，入所支援施設を造るべきだと考えられてきた。これは，障害のある人たちの命や暮らしを守りたいという想いから導き出された考え方である。その一方で，入所支援施設に入所させてしまうことによって地域社会から排除できるという考え方を創り上げてしまったことも否定できない。

　現在の世界的なスローガンはインクルージョンである。誰もが生活を営む地域社会から，誰も排除することのない社会を実現していくという思想である。

その思想の実現のために入所支援施設が果たす役割を改めて考えていかなければならない。

　地域の中で，自分の意思に基づいた生活を送ることができるという本来の姿を実現するために，どうしても特別な支援を必要としている知的障害者がいることは確かである。そのような障害者に対する支援を提供する場として，入所支援施設の役割が残っている。

　その役割を果たすためには，一定期間，期限を設定して集中的に支援を行うことが必要であり，しかもその支援は，科学的な根拠に基づいた専門的なものでなければならない。

　2006年12月13日に国連総会で採択され，日本では，2007年9月27日に署名，2014年1月20日に批准し，同年2月19日に効力が発生した「障害者の権利に関する条約（略称：障害者権利条約）」には，1か所だけ「社会に係るサービス（原文ではsocial services）」という言葉が記されている。それ以外には福祉サービスに関する記述は見当たらない。その1か所だけ出てくる「社会に係るサービス」は，第26条の『ハビリテーション（適応のための技能の習得）及びリハビリテーション』である。そこでは，「障害者が，最大限の自立並びに十分な身体的，精神的，社会的及び職業的な能力を達成し，及び維持し，並びに生活のあらゆる側面への完全な包容及び参加を達成し，及び維持することを可能とするための効果的かつ適当な措置」をとり，そのために，「保健，雇用，教育及び社会に係るサービスの分野において，ハビリテーション及びリハビリテーションについての包括的なサービス及びプログラムを企画し，強化し，及び拡張する」ように求められている。

　つまり，施設入所支援を含めた障害者に対する福祉サービスは，ハビリテーション，リハビリテーションの役割を担っていると考えることができる。

　施設解体・脱施設化が求められている状況の中で，施設入所支援が果たす役割は，科学的な根拠に基づいた専門的な「ハビリテーション，リハビリテーション」を有期限で提供し，障害者権利条約第19条にある「他の者との平等を基礎として，居住地を選択し，及びどこで誰と生活するかを選択する機会」

を保障していくことである。

第3節　支援員の役割

　冒頭でも紹介したが，筆者が自立支援法施行前に見かけた入所施設の実態と変わらない状況が，自立支援法から障害者総合支援法になり，事業所が増加している中でも残っていることになる。これがごく一部の施設で見られる希少な例であるのか，一般的に見られる現状であるのかは確認ができない。しかし，令和になった現在でも，少なからず同じような状況の入所施設，生活介護事業所を筆者は目にしている。このようなことから，障害福祉サービスの量的な増加は認められるものの，質的には自立支援法施行前と変わっていないのが現状であることが危惧される。

　その要因として，現場の支援者が，何をどのように支援すべきかがわからない，という問題があることが推測される。これは，さまざまな事業所から研修の依頼や事例相談を受ける中で筆者が感じている主観的な推論ではある。

　このような主観的な推論ではあるが，障害福祉サービスの支援の質を向上させるためには，この「何をどのように支援すべきか」を明らかにするとともに，高い質の支援を維持するためのシステムを構築することが必要であると考える。

　この節では，知的・発達障害者を対象とした障害福祉サービスの支援の質を向上し，高い質の支援を維持するための支援システムを構築した実践事例を紹介する。

1. 支援の目的

　前節で，入所支援施設の役割は，地域生活に向けてハビリテーション，リハビリテーションを集中的，専門的に提供することであるとした。その支援のゴールは「自立と社会参加」である。

　法律を見直してみると，社会福祉法では，福祉サービスについて，「利用者が心身ともに健やかに育成され，又はその有する能力に応じ自立した日常生活

を営むことができるように支援する」としている。

　障害者基本法では，第 1 条で「障害者の自立及び社会参加の支援」を法律の目的としている。

　障害者総合支援法では，第 1 条で「全ての障害者及び障害児が可能な限りその身近な場所において必要な日常生活又は社会生活を営むための支援」を法律の目的としている。

　このように，障害福祉サービスの目的は，障害者の自立した日常生活と社会参加であるとしている。したがって，入所支援施設の支援員も，利用する障害者に対して自立した日常生活，社会参加が送れるように支援していくことが求められていて，それこそが支援員の役割であると言える。

　ところで，障害者に対する福祉では，〈支援〉という言葉が使われる一方で，高齢者に対する福祉では，〈介護〉という言葉が一般的である。法律も障害者福祉については，『障害者総合支援法』であり，高齢者については『介護保険法』である。では，この〈支援〉と〈介護〉はどう違うのであろうか。社会福祉系の学校を卒業して，福祉の現場に携わっている支援者に聞いても，その違いを意識したことはなく，もちろん，説明を受けたこともないという回答が返ってくる。社会福祉に関する辞典などを見ても，はっきりと定義しているものはない。なぜ，このように違う言葉が使われているのだろうか。

　菅野［2008］は，「支援（Support）とは，基礎力を付ける指導（Training）から，要請に応える援助（Help）までを含む過程である」としている（図3-1）。その根拠として，2003 年 3 月に全国社会福祉協議会の「障害者福祉サービスの契約に関する検討委員会」による「障害者福祉サービスの契約に関する研究事業報告書」を挙げている。この報告書で支援において必要とされているものは，高齢者の分野では，「再度自立能力を復活させるために本人を駆り立てることではなく，残存能力を尊重したサポートが重要」であるとし，障害者の分野では，「今後の社会生活への参加・適応や学習等を目的として自立能力の獲得こそにある」としている。つまり，高齢者の分野では，要請に応える援助（Help）が中心であり，障害者の分野では，要請に応える援助（Help）だ

図 3-1　支援とは［菅野，2008 より］

けではなく，自立能力の獲得を目指した基礎力を付ける指導（Training）が必要であるとしているのである。福祉の現場で〈指導〉という言葉が使われなくなってから久しいが，使われなくなった理由は，〈指導〉という言葉そのものにあるのではなく，〈指導〉の在り方に対する批判からきているのではないかと筆者は考える。〈指導〉という言葉は，「指し示し」，「導く」という意味しか本来は持っていない。障害の有無にかかわらず，困っているときに，進むべき方向を指し示して導いてくれることは，助けとなることはあっても，忌み嫌うべきものではないはずである。その考え方から，ここでは〈指導〉という言葉を本来の意味で使っていきたい。

2．支援の内容

「何をしたらいいのかがわからない」という疑問をもっている支援者は少なくない。日中の活動として，散歩やカラオケ，映画鑑賞などを取り入れている事業所は多い。しかし，この活動そのものが目的化してしまっているという現状も否定できない。本来，支援の中で提供される活動は，自立と社会参加という目的に向かっているものでなければならない。日中の時間を過ごすために活動を提供しているだけでは，この目的に近づくことはできない。

　また，冒頭の高山和彦の記事にあるように，事業所で提供している活動になかなか参加できず，フロアーで寝転んで 1 日を過ごしていたり，1 日中動画を見て過ごしているだけの利用者に対して，それが本人の自己決定であるとして，何のアプローチもしないことが支援であるとするならば，支援の目的は何なの

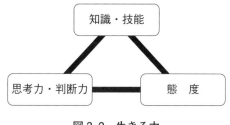

図3-2　生きる力

か，再考する必要があるだろう。

　では，「自立と社会参加」に向けて，支援者は何をすればいいのだろうか。

　「自立と社会参加」に向かうために必要な力とはどんなものなのかを考える
ヒントとして，文部科学省が提唱する「生きる力」について，見てみたい。

　文部科学省が出しているパンフレットに，「これからの社会が，どんなに変
化して予測困難になっても，自ら課題を見付け，自ら学び，自ら考え，判断し
て行動し，それぞれに思い描く幸せを実現してほしい」と書かれている。これ
は，自らの意思決定によって，より良い生活を実現していくという福祉サービ
スの目的と変わらない。そのために，「知識及び技能」，「思考力，判断力，表
現力」，「学びに向かう力，人間性」の3つからなる「生きる力」をつけること
を教育の目標としている（図3-2）。

　掃除のために掃除機を使うという例で考えてみる。掃除機を使って掃除をす
るためには，掃除機の使い方に関する知識と実際に操作するための技能，部屋
の中をむらなく，くまなく掃除するためにはどう動けばいいのかを考える思考
力，判断力，そしてなにより掃除をしようという意欲としての課題に向かう力
のすべてが必要である。そのどれが欠けていても，日常生活の中で掃除をする
という課題は達成できない。

　つまり，この3つの「生きる力」を総合的に支援することが，自立と社会参
加につながるものである。

　では，その3つの「生きる力」について，具体的に見ていく。

1) 支援の4領域──【知識および技能】

　知識・技能とは，日常生活，社会参加のために必要とされるさまざまな能力の中で，具体的な行動として現れるものである。掃除の例でいえば，掃除機の使い方に関する知識，掃除機を操作する技能である。

　日常生活，社会参加で必要な能力は多岐にわたる。すべての項目をここで列挙することはできないので，その概要だけを示しておきたい。

　生きていくために必要な知識・技能を列挙したものに，2001年に世界保健機関（WHO）で採択された国際生活機能分類（International Classification of Functioning, Disability and Health: ICF）がある。このICFの構成要素である活動と参加の中に，日常生活，社会生活に関する項目が9領域に分けて列挙されている。①学習と知識の応用，②一般的な課題と要求，③コミュニケーション，④運動・移動，⑤セルフケア，⑥家庭生活，⑦対人関係，⑧主要な生活領域，⑨コミュニティライフ・社会生活・市民生活，の9領域である。

　菅野［2008］は，このICFの構成要素である活動・参加9領域に加え，アメリカ精神遅滞協会（AAMR：現在のAAIDDアメリカ知的障害・発達障害協会）の適応能力10領域を統合し，再構成することによって「生涯発達支援と地域生活支援に向けた支援領域」として4つの領域を提案した。具体的には(1) 学習・余暇領域【まなぶ・たのしむ】，(2) 自立生活領域【くらす】，(3) 作業・就労領域【はたらく】，(4) コミュニケーション領域【かかわる】である（図3-3）。

　(1) 学習・余暇領域【まなぶ・たのしむ】は，「余暇活動や社会資源の利用といった，豊かで幅広い社会生活を送るために必要な領域」で，学んだり，楽しんだりすることで，自分の暮らしを豊かにするために必要な知識・技能である。

　(2) 自立生活領域【くらす】は，「食事・排泄・着脱などの身辺処理や，清掃・洗濯・調理・整容など日常生活の活動に関する領域」で，身辺処理や家事など，自分の生命（いのち）を守るために必要な知識・技能である。

　(3) 作業・就労領域【はたらく】は，「企業や施設などで行われる作業や仕

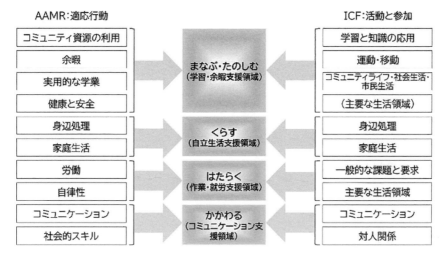

図 3-3 支援の 4 領域

事に関する技能や，就労に必要な能力に関する領域」で，作業や仕事をすると
きに求められるもので，自分の社会的役割を成し遂げるために必要な知識・技
能である。

　(4) コミュニケーション領域【かかわる】は，「行動障害の軽減も含め，他
者との円滑な社会生活を送るために必要なコミュニケーションに関する領域」
で，他の人と話をするなど，自分の社会生活を滑らかにするために必要な知
識・技能である。

　この 4 つの支援領域は，障害の有無にかかわらず，人生を送るために必要な
項目で構成されており，誰もが必要に応じて支援を受けられなければならない
領域である。したがって，生活面も含めた支援を要請される入所支援施設では，
この 4 領域すべてを対象として支援が必要とされていると考えられる。入所者
全員が，一人ひとりの特性に合わせて，総合的に支援されるべきものである。

2) 態度──【学びに向かう力，人間性】

　学びに向かう力，人間性とは，学んだことを人生や社会に生かそうとする力
である。日々起こる課題に向かう姿勢とも言い換えられる。菅野［2015］は，

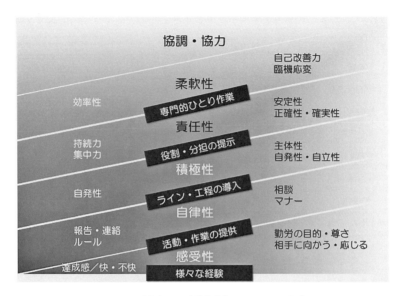

図3-4　態度の6領域 [菅野，2015より]

これを〈態度〉という言葉で表している。そこでは，態度について，①感受性
（達成感，快・不快，勤労の目的・尊さ，相手に向かう・応じる），②自律性
（報告・連絡，ルール，相談，マナー），③積極性（自発性，主体性，自主性・
自立性），④責任性（持続力，集中力，安定性，正確性・確実性）⑤柔軟性
（効率性，自己改善力，臨機応変），⑥協調・協力の6段階があるとしている
（図3-4）。重度・最重度の知的障害者の場合，①感受性，②自立性，③積極性，
④責任性のあたりまでが課題になっていることが多い。この態度の6段階は，
下の階層から徐々に積み上げられていくものと考えられる。したがって，①感
受性から積み上げることが必要となる。中でも，達成感を得られるような支援
は，この態度を形成するうえで，最も基本となるもので，この達成感を得られ
るような取り組みをしていくことが何よりも重要であると言える。活動に参加
することで，「できた」「やった」という気持ちが持てるような活動を工夫して
いくことが支援者の役割である。

3) 思考力・判断力──【思考力，判断力，表現力】

思考力，判断力，表現力は，未知の状況にも対応できる力であるとされている。

近年話題になることの多い『意思決定支援』にも深くかかわる領域である。そもそも意思決定は，何らかの問題に直面したときに，どのように考え，判断するのかという課題であり，未知の状況に対応できる力と合致する。したがって，意思決定とは，この思考力，判断力，表現力を駆使することであり，意思決定支援とは，思考力，判断力，表現力を高めることであると言える。

これら3つの「生きる力」を総合的に支援していくことが支援者の役割であると考えられる。この3つの力は，相互に影響しあうものである。菅野［2015］は，「わかること・できることの繰り返しにより，達成の楽しみを経験し，この積み重ねによって，常にわかること・できることで反応するようになる」としている。つまり，知識・技能が身につくことで，達成感が高まり，態度も向上すると考えられる。また，知識・技能が身につき，態度も向上していく中で思考力，判断力，表現力も高まっていく。とくに，思考力，判断力，表現力は，直接的に支援するのが難しい領域である。知識・技能，態度の向上に伴って，必然的に変化していくと考えることが重要である。

3. 支援の方法──支援のためのシステムづくり──

成人期の知的・発達障害者支援においては，支援の質の向上が求められている。保育所の保育士のような国家資格の制度もなく，介護分野の介護初任者研修のような統一的な人材育成制度もなく，さまざまなバックグラウンドを持った支援者が，日々現場で試行錯誤を繰り返しながら支援を行っている。このような中では，支援者個人の力量に頼らざるを得ず，その支援者が異動すると，それまで有効に作用していた支援が途絶え，対象者の状態が大きく変化してしまうことが少なくない。このような現状を改善しなければ支援の質は向上せず，次の有能な人材がくるのを待つしかなくなる。個々の支援者の力量に頼らず，誰が行っても一定の支援の質を確保するためには，人材を育成する制度を確立

するという方法が考えられる。そのための資格制度，研修制度などを構築していくことが課題であろう。しかし，すべての支援者がこの資格を取得する，または研修を受講するためには，多くの時間と投資が必要である。その実現を待っている間にも，知的・発達障害者は有効な支援を待ち続けている。では，他の方法による支援の質の向上はできないのだろうか。一般的に「誰が行っても継続的に成果が生み出される仕組みを構築すること」を〈システム化〉という。この〈システム化〉の意味は，知的・発達障害者支援の現状を改善することと一致する。支援を〈システム化〉することで，「どの支援者が行っても継続的に支援の成果が生み出される」ことになる。

　以下，ある施設で構築した支援のシステムについて紹介する。

　まず，支援のシステムを構築するにあたって，（1）4つの支援領域をすべての利用者に提供する，（2）利用者にとってわかりやすい環境を整備する，の2つを基本理念とした。また，この理念を実現するために，①利用者のグルーピング，②時間割，③活動室，④担当支援者，⑤活動内容について検討を行った。

① 利用者のグルーピング

　それまでは，作業種目別の班としてグルーピングを行っていたが，これを個人の特性に応じて8～10名のグループに再編成した。

　グループの再編成を行うために，専門家チームによる心身機能のアセスメントを依頼した。アセスメントは，認知発達レベルおよび認知発達領域別特性を明らかにするための心理検査（田中ビネー式知能検査法），運動発達特性を明らかにするための運動能力検査を実施した。アセスメントの結果である認知発達のレベル，認知発達の領域間の差異の大きさ（認知発達の偏り：具体的には知覚－運動特性が高く，言語特性が低いなど），運動能力のレベルを基に，それまでの作業活動で観察された作業能力の高さを加味し，6グループに再編成した。これらのグループは，それぞれ，どの支援領域に重点を置くべきかが異なる。AグループおよびBグループは働くことを通して，はたらく力を高めていく必要のあるグループで，作業・就労領域の支援に重点を置き，他の支援領域は満遍なく提供するグループとした。Cグループは，はたらく支援と同時

に，学ぶことを通して，さまざまな体験から知識・技能を高めていく必要のあるグループで，学習・余暇領域の支援に重点を置くグループとした。Ｄグループは，知覚−運動分野に比べて言語・コミュニケーション分野の支援が必要なグループで，コミュニケーション領域の支援に重点を置くグループとした。Ｅグループは，運動発達は比較的良好であるが，認知発達に重度の障害があり，はたらくの前段階としての知識・技能の獲得が必要なグループで，学習・余暇領域の支援に重点を置くグループとした。Ｆグループは，身体機能および認知発達に重度の障害をもっているため，身体的なリハビリテーションを含めた学習・余暇領域および自立生活支援領域の支援に重点を置くグループとした。

② 時間割

　それまで日中活動時間すべてが作業活動であったものを，午前中２コマ，午後２コマとして１日４コマの時間割とした。そのことにより，平日５日間で20コマの活動時間が保障される。この20コマに，上記の４領域をグループごとに当てはめ，１週間の時間割を作成した。

　時間割は，支援の４領域を参考に，全日共通の（1)-1 移動【自立生活領域】，(1)-2 昼食【自立生活領域】，(1)-3 清掃【自立生活領域】に加え，(2)作業活動Ａ（食品製造）【作業・就労領域】，(3)作業活動Ｂ（陶芸）【作業・就労領域】，(4)学習活動【学習・余暇領域】，(5)運動活動【学習・余暇領域】，(6)コミュニケーション活動【コミュニケーション領域】の４領域６種目で構成することとした。

　どのグループも１週間のうちに最低１回は３領域すべての支援が受けられること，グループ別の重点課題である支援領域は，支援の提供回数を多くすることを条件として時間割を設定した。

③ 活動室

　活動室は，場所と活動種目が１対１対応となるように，各活動室をそれぞれの活動種目に割り当てた。学校における美術室や音楽室のようなイメージである。これによって，利用者にとって，ある活動室に入ると，どんな活動をすればいいのかがイメージしやすくなる。

④ 担当支援者

担当支援者は，活動室の考え方と同様，支援者と活動種目が対応するように，活動種目別に支援する専門支援者を各1名配置した。この専門支援者は入所支援のローテーション勤務には入らず，日中活動を専門に担当する。それに加え，各活動種目には，ローテーション勤務をしている支援者をさらに1〜2名配置するようにした。これによって，支援者と利用者の比率が最低でも1：5となるような配置とした。

⑤ 活動内容（活動プログラム）

活動内容は，それぞれの支援領域に合わせて活動のプログラムを作成する。ここで支援項目と活動プログラムとの関係性が問題となる。支援項目は，生きるために必要なさまざまな動作・行動が含まれている。しかし，一つひとつの項目をすべて支援するのはなかなか難しい。例えば，自動販売機にコインを入れるという動作を考えてみる。この動作は自動販売機を使うことによって身につくかもしれないが，その動作が1日に何回もできるものではないという問題がある。これを，似たような動作である貯金箱にコインを入れるという活動のプログラムにすれば，1日に何回でもその動作を繰り返すことが可能である。このように，自動販売機にコインを入れるという動作を，実際に取り組んでいくような方法は直接指導法であり，他の題材を使って同じような動作を身につけていくのは間接指導法である。活動プログラムはこの間接指導法の考え方を基に，さまざまな題材を提供していくものである。

この活動プログラムは，利用者の参加への意欲を高めることも求められるものである。その意味では，利用者が興味・関心をもって参加できるような楽しい題材を準備すること，活動に参加する体験を通して達成感を得られるような工夫がなされていることが良い活動プログラムの条件となる。

以上のような支援のシステムを構築して，実践した。時間割ごとに活動室を移動しなければならないため，その支援が大変であったり，活動プログラムをグループごとに作成しなければならないなど，支援者に求められる課題は大きくならざるを得ない。また，この施設では，活動室が確保できていたこと，支

援者の体制を組めるだけの人員配置ができていたことなど，条件がそろっていたことが幸いした。一般的な施設では，この活動室の確保と人員の配置が難しい場合があるだろう。しかし，この実践の結果，利用者はどこで何をするのかが明確になり，また，活動のプログラムを通してさまざまな活動を経験することができるようになった。そのことによって，知識・技能が高まるとともに，活動に参加するという意欲が高まる様子が見られた。また，支援者は担当する利用者だけを支援するのではなく，全ての利用者を支援しなければならないため，必然的に支援の技術が向上していった。このような有効な作用も認められた。また，活動のプログラムを書式化することで，支援のシステムを構築する最大の目的であった「どの支援者が行っても継続的に支援の成果が生み出される」ような支援が提供できるようになったことも大きな成果であった。

第 4 節　行動障害への支援

　この節では，とくに行動障害，問題行動といわれる状態に対する支援について触れたい。

　支援者と話をしていて聞かれる質問に，「行動障害が現れたときにどう対応したらいいのか」というものがある。この質問には行動障害への支援を考えるときの大きな誤りがある。この質問は，行動障害といわれる行動が起きてしまった後，どのように対処すればいいのか，つまり対症療法の方法を知りたいということである。行動障害への支援といった場合，この対症療法では，いつまでたっても行動障害はなくならない。小笠原［2008］が指摘している通り，「叱責や注意・制止のみならず，監禁や拘束，体罰といったその人に対して嫌悪となる刺激を呈示することによって，対応することは少なくなかった。そうした対応は，その場で行動を収めるといった点から即時的な効果はあるものの，根本的な解決には至らない」のである。したがって，いろいろなことを試したが，一向に効果がない，行動障害がなくならない，という結果になることは明らかである。行動障害への支援で考えるべきは，行動障害といわれる行動をし

なくてもすむようにするために，何を支援するか，である。それは，藤原［2008］が指摘するように，「生涯を見据えた視点から個人のレパートリーを拡大し，生活の質を向上させ行動問題の生起を最小化するような生活環境を再構築（redesign）すること」である。

　そのために必要なのは，環境をいかに調整するか，と，本人の環境への適応力をどう高めていくか，である。

1.　行動障害の定義

　厚生労働省が示している強度行動障害判定基準によれば，行動障害とは，自分の体を傷つけてしまう自傷，他人を叩いたり噛みついたりする他害，激しいこだわり，激しい器物破損，極度の睡眠障害，食べられないものを食べてしまう異食，排泄に関する強度の障害，著しい多動，大声や奇声，対応が困難なパニック，対応が困難な粗暴行為とされている。この頻度や強度が著しい場合に強度行動障害とされる。

　どの程度の障害者がこの行動障害をもっているのかは明らかではないが，入所支援施設や障害福祉サービス事業所では，問題となることが多い。その行動障害に対してどのような支援を行っていけばよいのだろうか。

2.　環境の調整

　第1章第7節では，医療的な視点からの問題行動について，触れられている。その中で，環境調整の重要性が指摘されている。これはまさに，福祉サイドでの課題であると言える。

　ICF の環境因子には，①生産品と用具，②自然環境と人間がもたらした環境変化，③支援と関係，④態度，⑤サービス・制度・政策の5つが挙げられている。①は道具的環境，②は物理的環境，③と④を合わせて人的環境，⑤を社会的環境と言い換えることができる。この中でも行動障害と関連するのは②の物理的環境と③・④の人的環境，そして⑤の社会的環境である。マカティーら［McAtee & Shulte, 2004］は，行動問題に影響を及ぼす文脈的要因として，①

社会的・文化的要因，②課題・活動要因，③物理的要因，④生物学的要因を挙げている。①社会的・文化的要因は人的環境，②課題・活動要因は社会的環境，③物理的要因は物理的環境であると言える。そこで，以下では道具的環境，物理的環境，人的環境，社会的環境について見ていきたい。

1）道具的環境

　自閉スペクトラム症（ASD）では，その診断基準にもあるように，知覚の過敏性の問題を抱えている方々がいる。中でも，道具と関連するものとして触覚の過敏性がある。

　着用した衣服をすぐに破いてしまい，1日に何回も同じような行動がみられる場合がある。触覚の過敏性をもつ ASD の場合，衣類の生地や，洋服についているタグなどの触覚刺激に対して反応していることがある。そのような場合には，生地の異なる衣類を着用したり，タグを取り払ってしまうことで行動の障害が見られなくなる。最近では，初めからタグが付いていない衣類なども売られているので，そのような物を選んでもいいのではないだろうか。

2）物理的環境の調整

　物理的環境には，音量，光量，気候（気温，湿度，気圧など），振動などが含まれる。前述したように，知覚に過敏性のある ASD では，視覚や聴覚に過敏性がある方もいる。そのような場合には，音量，光量といった環境への配慮は欠かせない。とくに，音については，室内のどの音が気になっているのかを探り出し，その音量を低下させたり，音源を取り払うといった調整が必要になる。他者の声が気になる場合もあるので，その場合には，部屋を変えるなどといった工夫が考えられる。また，どうしても消せない音がある場合には，本人にイヤーマフやヘッドフォン，イヤフォンなどを使ってもらうのも1つである。最近ではノイズキャンセラのついたヘッドフォン，イヤフォンもあるので，活用してみてはどうだろうか。

　一般の方でも，気圧の変化に伴って頭痛などの不調を訴える場合がある。障害がある方でも同じで，気圧が変化したことをきっかけに特異な行動が現れることがある。気温や湿度は空調機器で調整することが可能であるが，気圧につ

いては調整することが難しい。この場合には，他の要因を考え併せて支援方法を工夫することになる。

　ASD に対する環境の調整では，TEACCH プログラムによる構造化という考え方がある。TEACCH プログラムについての詳細は専門書に譲るが，ここでは，基本となる構造化について見ておきたい。

　構造化は，①物理的構造化，②スケジュール，③ワークシステム，④タスク・オーガニゼーションの４つがある。その中でも，①物理的構造化は，まさにここでいう物理的環境の調整である。まず必要なのが，余計な刺激となるような物を室内に置かないことである。別の言い方をすると整理・整頓である。さまざまな物が混在している空間は，その情報を処理するのが大変で，そのためにパニックを引き起こしてしまうことがある。必要な物だけが，わかりやすい場所に置いてあること，それが物理的環境の調整の第一歩である。次にTEACCH プログラムの物理的構造化で大切なのが，場所と活動を１対１対応させることである。この場所では作業をする，この場所では休憩をする，この場所では食事をする，といったように，ある場所ではある行動をするという関連づけをする。このことによって，ここで何をしたらいいのかがわからない，という混乱を回避することができる。

3）人的環境の調整

　行動障害に対する環境調整で最も大きな課題はこの人的環境であろう。人的環境とは，誰がどのような対応をしているかであると考えることができる。支援の現場においては，当然支援者ということになる。その支援者がどのような対応をしているのかがここでの大きな課題である。

　支援者であれば，支援をする対象者のことを理解し，共感し，受けとめるという基本的なことが求められる。これが，人的環境の中の態度という問題である。ICF の環境因子の態度の項目では，「肯定的で敬意を示すふるまい，あるいは否定的で差別的なふるまい（例：ある人に対する烙印押し，決めつけ，排斥，無視）」と例示されている。当然ではあるが，支援者としての振る舞いは，「肯定的で敬意を示すふるまい」が求められ，「烙印押し，決めつけ，排斥，無

視」といった「否定的で差別的なふるまい」は許されないものである。

　この態度は行動障害に対する支援をするうえで最も基礎となるものであるが，その上に築き上げたいものがある。それが支援力である。

　知的障害者を支援する支援者に求められるスキルに，コミュニケーションのスキル，アセスメントのスキル，プログラミングのスキルがあると考える。

　コミュニケーションは意思の疎通を双方向で行うものである。まずは，支援をする障害者の声に耳を傾ける，いわゆる傾聴をすることである。ただし，知的な障害が重度・最重度であれば，言葉での意思の表出が難しいことが多いので，表情や身振り，行動そのものから意思を読み取ることが必要になる。今，どのような思いをもっているのか，どんな目的で行動をしているのか，を読み取らなければならない。反対に支援者から発信する場合には，さまざまな工夫が必要になる。言語での理解が難しい方に対して，言葉に頼った指示・説明をしても，わからなくて混乱してしまうだけである。絵カードといった補助具を使うのも，ひとつの工夫である。ただし，絵カードも，始めから理解できるものではなく，その絵カードが何を表しているのかを根気よく伝えていく努力が欠かせない。

　アセスメントはまさに，利用者の行動を理解するためのものである。なぜそのような行動をしてしまうのか，その原因を探ることである。第1章第7節でも触れられているが，歯の痛みや頭痛が起きていることによって顔を叩くといった自傷行動が生じることがある。このようなときに，自傷行動をただ止めたり，叱ったりしてもその行動はなくならない。原因である歯の痛みや頭痛に気づき，その原因を取り除く処置をしなければ意味がない。前項で書いた衣類を破いてしまう行為も同じである。触覚の過敏性があるという原因を突き止めることで，対処の仕方が変わってくるのである。

　プログラミングのスキルは，システムの構築でも触れたが，活動のプログラムをいかに創り上げていくかという課題である。ASDでは，何をすればいいのかがわからない時間は苦痛であるといわれるように，「好きなことをしていていいよ」という時間は，何をすればいいのかがわからず混乱している時間で

あると捉える必要がある。そのような時間をできるだけ減らし，今ここで何をすればいいのかを明確に提示していくことが必要である。そのためにも，有効な活動のプログラムを創り上げ，提供していく力が支援者には求められる。

4）社会的環境の調整

　一般的には法律や制度といった大きな社会的環境を指すことが多いが，ここでは，施設や事業所の中でどのようなプログラムが用意されているかという視点で考える必要がある。

　前項の支援者のプログラミングのスキルで触れたとおりであるが，ここでは，活動のプログラムとして採用する題材について，触れておきたい。

　活動プログラムの題材には，さまざまなものが考えられる。作業的なものであれば，製品の組み立てや，封入・封緘，自主製品の製作なども行われている。また，それ以外の領域での活動では，創作的な活動なども取り入れているところが多い。その題材を決めるときに注意すべきことがある。

　まず1つ目が，視覚的に判断しやすい題材であること。とくに ASD の場合，聴覚的な刺激を受けとめることが苦手であることから，話し言葉によって指示されるよりも，見ただけで何をすればいいのかがわかるような題材の方が，取り組みやすい。

　次に，終わりがはっきりとしている題材であること。ここまでやったら終わり，ということがはっきりとわからないと，いつまで続けるべきなのかがわからず，不安になってしまう。

3. 環境への適応力に対する支援

　本人の環境への適応力を高めるような支援が必要な場合もある。

　行動障害の原因として，本人が伝えたいことを適切に伝えられない，という課題がある。何かをしなければならない時に「いや」「やりたくない」と言葉や表情，身振りで伝えられればいいのだが，それがうまくできず，自傷や他害といった行動障害としての行動で表現している場合がある。このような場合には，本人のコミュニケーションの手段を広げていく支援が必要となる。

　困ったときに提示すると支援者が助けてくれるという意味のヘルプカードの導入なども1つの方法である。

　その他にも，ちょっとした環境の変化に対する適応が難しいという場合もある。どのような環境の変化が苦手なのかにもよるが，小さな環境の変化への適応を積み重ねていくことで，最終的に日常生活上で起こる環境の変化に適応できるようにしていくという支援もある。ASDでは，スケジュールの変更に対する抵抗が大きいことが知られている。1日の予定がすべて変更になるという大きな環境の変化に突然対応することは難しい。そこで，1日のうちで決まりきったスケジュールの中から，1つだけ変更をするといった小さな環境の変化に慣れることから始める方法が考えられる。

以上，行動障害といわれる行動に対する支援について検討してきたが，やはり第3節で紹介したように支援のシステムを構築して，一人ひとりがわかりやすい環境を整え，やってみたいと思えるような活動内容を提供し，「できた」という達成感を得られる体験を積み重ねていけるような支援の在り方を考えていくことが重要である。

　行動障害への支援は，難しい面があることは否めない。しかし，現段階で地域生活が難しい障害者を受け入れ，適切な支援をしていくという入所支援施設の役割を考えた時に，行動障害への支援から逃げることはできない。一人ひとりの特性をアセスメントし，その特性に合わせた支援内容を組み立てていくことこそが求められている。

　そのように考えていくことこそが，冒頭に示した「私たちに問われている課題」を解決するための方法ではないだろうか。

〔文献〕

藤原義博　2008　環境に向けたアプローチによる発達障害児者の行動問題の改善——Life style を重視した生活の質の向上を目指して　発達障害研究，30（5），311-316.

McAtee, M., E. G., & Shulte, C. 2004　A contextual assessment inventory for problem behavior : Initial development. *Journal of Positive Behavior Interventions*, 6 (3), 148-165.

小笠原　恵　2008　成人施設における行動問題への支援―地域に根差した生活を目指して―　発達障害研究，30 (5)，344-351.

菅野　敦　2008　障害児者の理解と教育・支援―特別支援教育／障害者支援のガイド―　第Ⅰ部　乳幼児から成人のベーシック支援システム　第4章　障害児者理解と支援のための基本的な考え方　金子書房，pp.28-37.

菅野　敦　2015　国社会福祉協議会・全国社会就労センター協議会（編）社会就労支援センターハンドブック　第2章　支援の方針とその方法　2障害者支援の基本的な考え方　全社会福祉法人全国社会福祉協議会，pp.83-104.

高橋三郎・大野　裕（監訳）2014　DSM-5 精神疾患の分類と診断の手引き　医学書院

高山和彦　2013　施設入所支援とは何か　私たちに問われている課題　公益財団法人　日本知的障害者福祉協会，pp.14-16.

第4章　知的障害・ASD のある人の家族支援

　一般的に家族は，恒常性を維持するためにさまざまな役割を補い合って生活しているといわれている。とくに，障害者家族の場合，思いがけず対応しなければならないことが少なくないことから，緊張や葛藤状態が続きやすくなり，家族は自分の行動範囲を制限するなどして調整しながら恒常性を維持しようとする働きが強くなることが考えられている。

　図4-1 のようにモビールで例えるならば，特定の家族に負担がかかると，他の家族構成員が家族のバランスが崩れないように（モビールが真っ直ぐ保てるように）配慮をしながら生活するようになる。このように，障害者家族は，家族間において微細な配慮のもと，役割を補い合うことによって家族のバランスを成り立たせているとも言える。逆を言えば，家族の誰かが役割を担えなくなってしまうと，バランスを保って生活することが難しくなり，特定の家族構

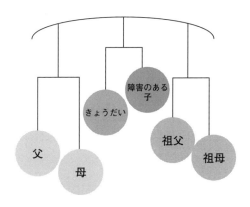

図 4-1　家族の恒常性

成員に負担がかかりすぎてしまうことが考えられる。

　日本社会においては，家族のことは家族で面倒を見ることが当たり前であるという伝統的な価値観が根強く，家族が担う役割や責任は大きい。近年では，ケアを必要とする人に対するケアを家族のみで行う限界が社会的にも認知され，「ケアの社会化」の必要性が認知されるようになった［土屋，2017］。さまざまな法施策の成立によって，障害者を支える仕組みは整備されつつあるものの，依然としてケアをする家族の存在が前提となって，障害者の地域生活が支えられている現状もある。

　厚生労働省［2018a］の調査によると，一般成人とその親の同居率が22.2%であるのに対し，成人した65歳未満の障害者とその親との同居率を見ると知的障害者が92%，精神障害者が67.8%，身体障害者が48.6%であり，障害者とその親の同居率が高い結果となっている。この背景として，今日のような福祉サービスがなかった時代に親が子のケアを全て担わなければならないと考え，ケアを抱え込む傾向があること［植戸，2019］が報告されており，結果として，親の高齢化に伴い障害者の子どものケアが困難になり行き詰まることや，これまでに維持してきた生活が営めなくなっている現状があることが示されている［植戸，2020］。

　障害者家族は，社会の理解や支援が行き届いていないことによって，障害のある子どもが生まれた時から，親なき後まで生涯にわたってそれぞれの立場でさまざまな葛藤や困難を抱えやすい立場にある。本章では，障害者家族に対する支援の必要性とともに，支援の実際に触れ，今後の障害者家族支援の方向性について考えたい。

第1節　家族支援の必要性

1. 保護者に対する支援

　保護者は障害のある人にとって最も身近な存在であり，支え手を担うことが多いだろう。

　知的障害や発達障害は，法定検診を契機に診断を受けることが一般的であり，概ね就学前に診断を受けることが多い状況にある。とくに発達障害はその障害特性から，落ち着きのなさや興味関心の偏りなど，障害のない幼児期の子どもにも見られる発達的特徴もあり，見た目にもわかりづらいことから，保護者にとってわが子の障害は受け容れ難い状況に至りやすいと考えられる。

　障害について診断を受けた際には，混乱や強い葛藤が伴いやすいといわれており，保護者がわが子の障害を理解し，受けとめるための支援が重要となる。障害受容の過程については，「段階説」［Drotar et al., 1975］が多く引用されているが，「段階説」に対するものとして「慢性的悲哀説」［Olshansky, 1962］や「螺旋型モデル」［中田，1995］が示されている。

1）障害受容の過程

① 段階説

　段階説は，文字どおり段階をたどりながら受容のプロセスを踏んでいく考え方であり，段階のたどり方には個人差があると言われている。図 4-2 に示すように，段階説では，わが子の障害にショックを受けること（第一段階）や否認したいという気持ちを持つこと（第二段階）は自然な感情であるということ，混乱している状態は病的なものと誤解してはならないということが示されている。支援者は，保護者の感情を一括りにすることなく，これらの感情を自然な感情として個別に理解し，支える姿勢を持つ必要がある。

② 慢性的悲哀説

　慢性的悲哀説とは，保護者は，わが子に障害があることが判明してからどんなに時間が経ったとしても，わが子の障害に対して，慢性的に悲しみの感情を抱くということである。わが子の障害が受けとめられたとしても，折に触れて，悲しみの感情が強まることもあると考えられている。慢性的に悲しみの感情を

図 4-2　段階説［Drotar et al., 1975］

抱く背景を理解し，保護者が悲しみの感情を表出することを支えることも支援者として持つべき大切な姿勢である。

③ 螺旋型モデル

螺旋型モデルは，(1) 段階的モデルと (2) 慢性的悲哀説を統合した考え方とされており，障害を受容することがゴールなのではなく，障害を受け容れる気持ちと否定したい気持ちが見え隠れすることを示したモデルである。

支援者は保護者を支援するうえで，保護者が抱くわが子の障害に対する感情をありのままに受け止め，寄り添う姿勢を持ち続けることが求められるだろう。

2) ライフコースに応じた支援

障害のある子どものライフコースに応じて，保護者の支援ニーズも変化する。支援者は，個別性があることを前提に保護者の支援ニーズに寄り添いながら，生涯を通して切れ目のない支援を提供することが求められる。

① 幼少期

知的障害や発達障害は，幼少期に診断を受けることが少なくないことから，障害を理解することに対してとくに支援が必要な時期となることが考えられる。早期に診断を受け，幼少期から障害特性に応じた支援を受けることのできる環境が整いつつあるものの，保護者が障害の特性に応じて子育てを担っていく上では，障害特性の理解にとどまらず，生活上の具体的な助言が必要となる。例えば，障害のある子どもの認知特性に応じて視覚的にわかりやすく時間の流れや活動と場所を理解することができるような工夫を行うなど，療育の場で行っていることを家庭と共有しながら，保護者の育児負担の軽減を図ることも大切な支援となるだろう。

また，この時期は，家族の基盤そのものが形成される大切な時期でもあるが，保護者は，障害のあるわが子に対応することに多くの時間を割かなければならない状況が生じやすい。そのため，障害のある子どもに兄弟姉妹がいる場合，保護者は兄弟姉妹に対して十分な時間を割くことができないことに対する罪悪感を抱くことも少なくない。このような感情にも配慮しながら，家族の基盤構築を支えていく姿勢を持つことが肝要である。

② 学齢期

　学齢期は，安定した生活基盤を構築することや進路の検討を行うなど，将来の生活を見据えてライフスキル（成人後，社会で自立して生活するために必要な能力）を習得する大切な時期となる。1日の大半を過ごす学校や福祉サービスなどの日中生活の場と家庭において一体的な支援を行うことができるよう適切な情報共有を行うことが求められる。

　そして，進学先や学校卒業後の進路選択にあたっては子どもの成長を願う保護者の思いを尊重しながら，障害のある本人の希望や特性に応じた適切な支援を受けることのできる進学先，進路先を選択するための情報が必要となるだろう。

③ 青年期

　青年期においては，親なき後を見据えた具体的な検討を開始する時期となる。前述の通り，親子が同居している割合が高いものの，親なき後，わが子の生活の場を検討することが必要になるだろう。障害のある子どもの生活や権利を守るため，権利擁護制度（成年後見制度や日常生活自立支援事業等）に関する情報を保護者に提供し，保護者とともに長期的な視点で青年期以降の生活のありかたを検討することも大切な支援となる。

3）保護者の役割に応じた支援

　保護者支援においては，母親と父親が担う役割の違いによって，その支援の必要性が立場に応じて示されている。

① 母親支援

　とくに母親は，子どものケアの中心的な役割を担うことが多く，それに伴う影響が指摘されてきた。自閉スペクトラム症児の母親を対象とした支援に関する研究において，外見上わかりにくい特徴の自閉スペクトラム症児を持つ母親は，育児におけるさまざまな経験の中で自分の意識や価値観，対応の仕方について視点を変えながら心理的葛藤やさまざまな困難に対処している状況が示されている。そして，母親は子どもの否定的側面に目が行きやすく，肯定的側面には目が行きにくいため母親が子どもの良い部分を知り，肯定的感情を持つこ

とができるよう，強みを認識できるような心理的支援の必要性が明示されている［浅井ら，2020］。母親の葛藤に寄り添いながら，障害特性を理解する手立てや生活上の工夫を具体的に考え，ストレングス視点で障害のあるわが子にかかわることができるような支援が求められると言える。

　さらに，障害児を育てる母親は，就業が制限されやすいことが明らかになっており，母親が就業を希望する場合には，子どもと家族の双方を考慮した福祉サービスをコーディネートすることの重要性も示されている［春木，2020］。

　② 父親支援

　障害者の主たるケア役割を担うのは一般的に母親が中心であると言われているが，父親においても母親と同様の支援が必要である。しかしながら，とくに父親に対しては障害の理解や療育の必要性，実施するためのスキルが十分に得られない状況があることが課題となっている［石田ら，2020］。

　父親が仕事に従事している場合には，家庭内での役割に加え，社会的な役割も担っており，父親が子育てにかかわりたいと思っても，父親が必要とする情報にアクセスすることが難しい状況に至りやすいことが考えられる。そこで，有効であると考えられているのが，父親同士が出会う場を活用することである。障害のある子どもを持つ父親たちが定期的に集まって，気軽にわが子のことを話すことのできる場を継続して設けている団体もある［町田おやじの会，2004］。障害のある父親同士が出会い，ロールモデルの存在によって，障害の受容や父親としての役割意識の形成を促進することにつながった成果も示されている［海道，2020］。父親自身も孤立しやすい立場にあることを理解した上で，母親のみならず父親も含めた保護者支援を実施することが肝要である。

　保護者は，自分のために時間を割くことよりも障害のある子を中心とした生活を送ることが当たり前の状況となり，自らの自己実現を考えることが難しい状況に至りやすいことが考えられる。母親，父親として，それぞれの家庭内役割を担うことも大切なことではあるが，「障害のある子どもの親」としての側面のみならず，保護者自身が自らの人生を歩むことができるよう，保護者自身の思いを尊重することや，保護者自身の時間を確保することも大切な支援のひ

とつとなるであろう。

2. きょうだいに対する支援

　障害のある子どもが家族にいる場合，障害のある子どもが中心となった生活を送ることになりやすく，家族機能を健全に保つために障害のある人の兄弟姉妹（以下，きょうだいと記す）はさまざまな家庭内役割を担いやすいと言われている。たとえば，親代わりとなって障害のある兄弟姉妹の面倒を見ることや，障害のある兄弟姉妹の分まで頑張ろうとする優等生的役割を担うことなどが挙げられるが，こうした役割が年齢不相応に働いている場合には，きょうだいに心理社会的な影響が生じやすいとされ，医療や福祉の分野において，その支援の必要性が示されてきた。

　たとえば，障害のある兄弟姉妹とどのように関われば良いか分からず，正常な兄弟関係が築けないことに関してストレスを感じやすいことや，障害のある兄弟姉妹を優先して生活するあまりに自己主張する能力が低い傾向にある等の影響が報告されている。一方で，障害のある兄弟姉妹に対するケア役割など，年齢に見合わない経験を通して精神的に成熟しやすいといった，きょうだいの成長につながる肯定的な側面に関する報告もある。

　きょうだいに起こりうる不安や悩みについては，生育環境や出生順位，性別の違い，障害の状況，保護者が障害のある子どもをどのように理解しているか等の違いにより，一般化することは難しいと考えられる。しかしながら，きょうだいの健全な成長発達を支える上では，前述した影響があることを踏まえ，きょうだいの立場には個別性があることを前提に支援の必要性を理解することが大切である。きょうだいは，以下のような特有の悩みを抱えやすいと言われている［Meyer & Vadasy, 2007］。

1) きょうだい特有の悩み

① 恥ずかしさ

　障害のある兄弟姉妹は，周囲の人との違いを感じた時や兄弟姉妹の障害を揶揄された時に恥ずかしさを感じやすいといわれている。とくに子どものきょう

だい（以下，きょうだい児）が恥ずかしさを感じることは発達段階のひとつで
あることを理解し，共感した上で，きょうだいの心理的な逃げ道を作ることが
必要である。

② 孤立・孤独・喪失感

　家族の中で障害のある兄弟姉妹のことばかり関心が注がれることで孤立感を
抱きやすく，保護者に認めてもらいたいという一心で勉強や部活などを懸命に
頑張ろうとしたり，反抗して保護者の注意を引こうとしたりするきょうだいも
いる。また，周囲に同じ境遇の存在がいないことから，学校で友人や先生に障
害のある兄弟姉妹のことを説明することが難しく，とくに学齢期のきょうだい
児は孤独を感じやすいと言われている。孤立感を軽減するためには，同じ境遇
の存在を知ることや出会いの機会を提供することも支援の手立ての1つである。
また，保護者がきょうだいのためだけの時間を確保することで予防的な対応を
取ることも有効であると考えられている。

③ 完璧への圧力

　障害のある兄弟姉妹ができないことを補おうとする「障害補償動機」を持ち
やすく，子どもの頃から頼りになる子，完璧な子になろうと努力を続けるきょ
うだいが少なくないと言われている。保護者から直接，障害のある兄弟姉妹が
できないことを補うように求められることもあれば，きょうだいが保護者の気
持ちを察して，期待に応えようとすることもある。

④ 罪悪感

　「この前けんかしたことが原因で弟が障害になってしまったのではないか」
など，正確な情報がないゆえに兄弟姉妹の障害の原因を自分の責任として考え
てしまうことがあると言われており，年齢に応じた正確な情報を提供すること
が求められる。また，障害のある兄弟姉妹よりも自分の能力が勝ってしまうこ
とや，友人と遊ぶこと，進学，結婚など自分の人生を追求し，幸せになること
に対する罪悪感を抱きやすいと言われている。きょうだいにかかわる周囲の人
が，自分の人生を主体的に生きることを肯定し続けることが必要である。

⑤ 増える介護負担

　家庭内において，障害のある兄弟姉妹に対する見守りや食事介助，身体介助などのケアを保護者の代わりに任せられることがあり，とくに年上のきょうだいや女性のきょうだいが担うことが多いと言われている。また，ケアに対する責任が増すほど，友人との交流や部活動等，社会的な活動に参加する機会が少なくなり，障害のある兄弟姉妹との関係の悪化にも影響することがある。一方でケア役割を自分の家庭内役割として理解し，力を発揮することのできるきょうだいも存在する。年齢不相応のケア役割を担い続けることにより，学習や社会経験，将来の選択が狭まらないよう配慮し，介護責任がきょうだいに偏りすぎないよう，きょうだいの発達段階を考慮した関わりが必要である。

　⑥　将来に関する不安

　保護者が高齢になった時や親なき後，障害のある兄弟姉妹を誰が支えるのか，その中で自分の役割はどうなるのかといった将来に関する不安を抱きやすく，それは驚くほど幼い頃から持つことがあると言われている。とくに女性のきょうだいは，自分の子どもも障害を持つ可能性を考え，結婚や出産に躊躇することもある。正確な情報をもとに，きょうだいが見通しを持ち，自分が主体となって進路や将来の選択を行うことができるように支援することが求められる。

2）きょうだいの得がたい経験

　きょうだいには，治りにくい病気や障害のある兄弟姉妹がいるために体験したことを通して人間的な成長につながる肯定的な側面があることも報告されている［Meyer & Vadasy, 2007］。

　①　精神的成熟

　見ず知らずの人から障害に関する質問を受けたり，ケア役割を通して年齢以上の責任を負うことなどを背景に精神的に成熟しやすいこと

　②　洞察力

　障害のある兄弟姉妹の存在を通して，物事の理解や真価の認め方に影響を及ぼすことにより洞察力がつくこと

　③　忍耐力

　障害のある兄弟姉妹との関係から「違い」を認め，人をありのままに受け容

れるなど，忍耐力が養われること

④　感謝

自分が健康であることなど，物事に対して当然のことと思わず何事にも感謝することができること

⑤　誇り

多くのきょうだいが，障害のある兄弟姉妹が達成したことの真価を認め，できることに注目し，特別な資質に気づくことができ，誇りに思うことができること

障害のある人ともっとも長い時間を過ごすのは，きょうだいであると言われている。支援者は，きょうだいが抱えやすいとされる特有の悩みや経験を理解し，きょうだいが必要とする情報を年齢に応じて提供することやきょうだいが自分の人生を主体的に歩むためにライフコースに応じた支援を提供することが求められる。

3.　祖父母に対する支援

発達障害のある孫を持つ祖父母への支援に関する研究においては，祖父母の価値観によっては発達障害を理解することが難しく，古い家族観に依拠して母親を責める存在として言及されてきたことが指摘されており，発達障害に関する疑問や，誤解や偏見の解消につながるサポートの必要性が示されてきた［今野，2011］。孫の障害理解が十分でない祖父母は，障害について親の育児の仕方を非難したり，遺伝などの血筋を理由にしたりすることがあり，親を苦しめてしまうことにつながっていること，一方で，祖父母の障害理解を促すことが親の安寧につながることが示されている［二重ら，2017］。

祖父母の障害受容を促す要因として，適切な知識の提供が必要ではあるが，祖父母の立場では，直接的に発達障害に関する正しい情報が行き届かず，そのことによって生じる課題についても触れられており，祖父母に対する直接的な支援の必要性が示されている［岡崎・井上，2019］。具体的には，祖父母を対象とした研修会や勉強会の開催や，DVD，障害特性などが書かれた冊子，パ

ンフレットなどのツールの活用などが有用であるとされ，祖父母が孫の障害を理解するために必要とする情報へのアクセスの緩和についての検討がなされることが期待されている。

　発達障害のある孫を持つ祖父母に対して行われたインタビュー調査においては，孫の障害を理解しようとする中で，保護者の精神的負担の軽減や良好な保護者関係の維持を願い，日常生活の世話を担っている祖父母の姿が示されているが，側面的に家族を支援するばかりでなく，祖父母自身もさまざまな葛藤があることも示されている［二重・津田，2021］。具体的には，「受け容れようと思うところにすごく壁がある」「成人するまでになんとかなってくれたらって思って，そんなことも夢見ている」といった希望が示されるなど，障害受容に対する葛藤や，孫の特徴を客観的に捉え，進学先などを保護者とともに考える事例が紹介されていた。このような祖父母の葛藤に寄り添うことも支援者として大切な役割となる。

4.　配偶者・パートナーに対する支援

　配偶者やパートナーに発達障害がある場合，関係性を構築していく上では，障害特性を理解することが求められると考えられる。発達障害は見た目ではわかりづらく，共に生活をする中で発達障害があることが判明する場合もあるなど，その状況に応じた支援の必要性が想定されるが，配偶者やパートナーに対する支援は不十分な状況である。

　自身も自閉スペクトラム症の診断を受け，夫もアスペルガー障害と注意欠如多動症の診断を受けている村上由美さんは，お互いの障害特性を理解し，尊重しながら共に生活をしていくためにさまざまな工夫が必要であることを著書の中で示している［村上，2012］。実際に筆者が村上さんから直接お話を伺った際には，夫がイメージしている時系列と自分が思っている時系列が異なることがあり，いつのことを話しているのかがわからないまま話が平行線になり，言語的なコミュニケーションを通じた問題解決が図りにくいことや，「忘れやすい」「順序立てて考えることが難しい」といった障害特性から生活上の役割分

担が図れず，家事分担ができなかったエピソードを教えていただいたことがある。現在は，スマートフォンの普及により，夫婦間でスケジュールを共同で管理することのできるアプリやリマインダーなどを活用することにより，家事分担もうまく図ることができるようになったとのことだった。このように，障害特性に応じた具体的な生活上の工夫が必要となることが考えられるが，配偶者やパートナー自らがそうした工夫を柔軟に編み出すことは容易ではないだろう。支援者が相談を受けた際には，具体的な生活上の困り感を確認し，解決方法を共に考える姿勢が求められる。

精神障害の分野では，精神障害のある人の配偶者やパートナーの支援を考える会が設立され，精神障害のある人と生活を共にする配偶者や恋愛関係にある人が集まり，困難さの共有や支援方法が検討されており，その中で配偶者が直面している問題が共有されている。具体的には，①当事者の精神症状や問題行動に振り回されてしまうこと，②相談先がなく周囲の理解も乏しいために孤立してしまうこと，③精神的・身体的苦痛を感じ，消耗しやすいこと，④経済的に困窮してしまうこと，⑤子どもの養育に影響が出ること，が示されている[前田，2018]。このように，配偶者やパートナーの立場にある場合，障害を理解することの困難さをはじめ，周囲の無理解による孤立や生活困窮，育児などさまざまな影響を受けやすい立場にあることを理解する必要がある。このような当事者同士の語りの場を活用することも，配偶者やパートナーの立場にある方の精神的な孤立を軽減することや，生活上の工夫を具体的に検討する上で，有効なサポートのひとつになることが考えられる。

第2節　家族支援の実際

1．ピアサポートによる支援

ピアサポートとは，同じ立場の者同士で支え合う活動のことである。ピアサポートグループには，①内部機能と②外部機能の2つがあると言われている。①内部機能は，グループメンバー同士で支え合う機能のことであり，②外部機

能は，グループの中で課題に感じていることを社会に発信するなどグループの外に働きかけていく機能をいう。

　家族の孤立感の軽減を図る上では，ピアサポートの持つ機能と役割を理解し，必要に応じて家族をこれらの活動を行うグループに繋ぐことも支援方策の1つとなることが考えられる。

　障害者家族を支えるピアサポートグループには，親やきょうだいの立場など，それぞれの家族の立場に応じて，組織が構成されている。自分の住んでいる地域や働いている地域における「親の会」や「きょうだい会」などのピアサポートグループの活動状況を確認し，それぞれのグループの特性（障害の種別，対象，開催形式等）を理解した上で社会資源の1つとして活用することも大切な支援の手立てとなる。

2.　ペアレントトレーニング

　ペアレントトレーニングとは，1960年代にアメリカで開発されたプログラムである。子どもに直接介入する方法ではなく，子どもの行動の前後関係に着目し，不適切な行動を解決するための理論として知られる応用行動分析学や行動療法の考え方をベースとして，養育者が子育てに関する適切なスキルを獲得することを目的としている。

　内容については単なる知識の学習だけではなく，ロールプレイや学んだことを実際に自宅で取り組み，次回の活動時に振り返ることのできる内容で構成されており（表4-1），支援者と保護者の1対1での形式やグループで行われる形式などさまざまな形態がある。ペアレントトレーニングが実施されている場所は，児童発達支援事業所や発達障害者支援センター，医療機関，大学，親の会など多岐にわたっている。

　ペアレントトレーニングの有効性について示された研究においては，子どもに対する肯定的な働きかけを保護者が習得することによって，子育てストレスの低減に効果があったことが示されている［西村ら，2022］。図4-3にもあるように，ライフコースに応じた子育て支援ニーズを考慮しながら，保護者が子

表 4-1 鳥取大学 井上雅彦研究室を中心に行われている家庭療育課題設定型ペアレントトレーニング例

回数	講義	グループワーク	ホームワーク
1	オリエンテーション	自己紹介	検査などの記入
2	ほめ上手になろう	いいところ探し	ほめようシートの実施
3	観察上手になろう	目標行動の設定 ほめようシートの発表 と振り返り	ほめようシートの実施
4	整え上手になろう	手続き作成表の作成 ほめようシートの発表 と振り返り	課題の実施と記録
5	伝え上手になろう	手続き作成表の作成	課題の実施と記録
6	教え上手になろう	手続き作成表の作成	課題の実施と記録
7	サポートブックを 作ってみよう	サポートブックの作成	サポートブックの作成
8	まとめ	サポートブックの発表	

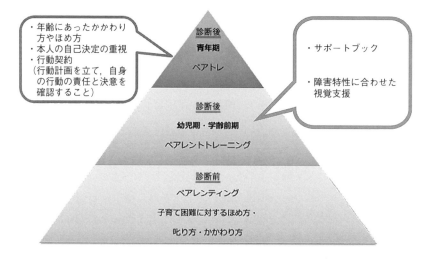

図 4-3 ライフコースに応じたペアレントトレーニングによる支援［井上，2012］

どもの良いところを見つめていくプログラムを活用することにより，家庭における障害理解の基盤構築や，障害のある子どもの二次障害の予防に繋がることが期待されている。

3.　きょうだい支援プログラム

　前述の通り，きょうだいは心理社会的影響を受けやすいことが指摘されており，こうした影響を予防するための方策として開発されたのが「Sibshops（以下，シブショップ）」である［Meyer & Vadasy, 2007］。「シブショップ」とは，「シブリング（きょうだい）」のための「ワークショップ」という意味の造語で，1982年にアメリカきょうだい支援プロジェクト創設者のドナルド・マイヤー氏が開発し，北米を中心に世界で展開されているきょうだい支援プログラムである。シブショップには主な目的として下記の5点が示されている。

1）シブショップの目的

①特別なニーズのある子どものきょうだいがリラックスした雰囲気の中で，同じ立場の仲間と出会う機会を提供する

②特別なニーズのある子どものきょうだいによくある悩みや喜びを仲間と話し合う機会をきょうだいに提供する

③特別なニーズのある子どものきょうだいがよく経験する状況に仲間がどう対処しているかを知る機会をきょうだいに提供する

④特別なニーズのある兄弟姉妹がいることで起こるさまざまなことについて知る機会をきょうだいに提供する

⑤特別なニーズのある子どものきょうだいによくある悩みや得がたい経験について理解を深める機会を親や専門家に提供する

　この目的に示されているように，自分と同じ立場のきょうだい児と出会う機会を提供することや，安心して自分の気持ちを伝えること，困難への対処法を知ることができる場所を提供することがシブショップの大きな目的となっている。

　シブショップを運営するためには，ファシリテータートレーニングを受講し

た者がシブショップの認定を受けて運営する必要があり，日本において認定を受けたシブショップは10か所ある（2023年3月14日時点）。

2）きょうだい会とは

日本では，前述のシブショップの形式で運営されているきょうだい児支援組織のほか，大人になったきょうだいや医療機関，福祉事業者などが主催者となり，遊びを通して発散したり，きょうだい特有の思いや経験を共有するための活動を行う子ども向けのきょうだい会や，幼い頃の経験を話すことを通して，ストレスの軽減を図ったり，親なき後など将来の不安などを相談することのできるセルフヘルプグループの形式で運営されている大人向けのきょうだい会が開催されるなど，年齢に応じた支援活動が各地域で展開されている。

3）きょうだい支援の活動事例──きょうだい会SHAMS──

きょうだい会SHAMSは，認定シブショップとして筆者が栃木県宇都宮市を拠点に2008年から小学生から高校生までの慢性疾患や障害のある人の子どものきょうだい（以下，きょうだい児）を対象に活動している団体である。具体的な活動事例について紹介する。

本会は，年4～5回程度の活動日を設け，きょうだい児が主役となって楽しめる「余暇活動」をはじめ，きょうだい児としての経験や日頃感じていることについて共有する「きょうだいワーク」などを行っている。「余暇活動」では，レクリエーションや外出活動を行っている。外出活動では，兄弟姉妹の障害の特性によって苦手，もしくは制限を伴うために普段行きづらい場所となっているカラオケや映画館，スポーツ施設などが人気である。

コロナ渦においてオンラインシステムを活用して「きょうだいワーク」を実施した際には，トークグラフィックの手法を活用し，「自分と病気や障害のある兄弟姉妹の紹介」や「普段障害のある兄弟姉妹と生活する中で困ったこと」について話してもらい，その内容を視覚化して共有した（図4-4）。

活動には，高校を卒業した既参加者や大人になったきょうだい，大学生，福祉施設職員，特別支援学校の教員等にボランティアとして参加していただいている。きょうだい児が家庭での役割を離れ，主役になって子どもらしく思いき

図4-4　オンライン活動でトークグラフィックの手法を活用したきょうだいワーク

り遊び，安心して自分の気持ちを伝え，受け止めてもらえる場所を構築する上で，きょうだい児一人ひとりと大切にかかわることのできるボランティアの方々の存在は欠かせないものとなっている。

　活動終了後には毎回アンケート（図4-5）を配布し，活動の感想や今後の活動でやってみたいこと，きょうだいの仲間に聞いてみたいことを確認している。それらの内容をまとめて「しぇいむず新聞」（図4-6）を作成し，紙面できょうだい児としての立場や思いの共有を図っている。きょうだい児によっては感情を言語化することが難しい場合もあるため，紙面を活用するなどさまざまな方法を用いて，きょうだい児としての立場や思いを共有することを大切にしている。

　また，保護者が「きょうだい」を主題にして話すことのできる場が中々ないとのことで，年1回保護者会を開催し，きょうだい児を育てる上での思いや悩

しぇいむずの感想・質問

2022年12月17日（土）

名前（　　　　　　　　　）　　名前を新聞に載せても（いい・嫌だ）←○をつけてね

今回、楽しかったこと 心に残ったことは何ですか？

次回、やってみたいことは何ですか？

みんなの 質問や 悩みに 答えてください(^人^) みんなだったら どうする？

★1★ 兄が さわいでしまうことが 多くて、勉強に 集中 できないことが 多いのですが、
みんなは いつ勉強していますか？（高2妹）

★2★ 母親がガミガミ言ってきて迷惑うざいです。皆さんはどうやって対処していますか？（中1姉）

★3★ きょうだいに 障害者がいるだけで「大変だね」と思われてしまうのが 心が痛いです（中3姉）

★4★ みんなは ゆうれいを しんじますか（小5兄）

★5★ お姉ちゃんが おこって ひっかいてきます。やめてと いっているのですが やめてくれません。
どうしたらいいですか？（小3妹）

★6★ みんなのきょうだいの とくいなこと（とくぎ）は なんですか。
ぼくのお兄ちゃんは とどうふけんの木、花、鳥、けんちょうしょざいちを すべて おぼえています（小3弟）

みんなに 聞いてみたいことや 今 悩んでいること 困っていることなど 何でも書いてくださいね
みんなのお家に 届ける「しぇいむず新聞」で みんなの悩みや質問に 答えます！

図4-5 活動アンケート

> **「なかなか 友達に
> 弟が しょうがいしゃだということを 言えません。
> みんななら どうしますか。（小5兄）」**
>
> ・ 弟がしょうがいしゃということはおかしい事じゃないから言ってしまう。
> ・ わからない　　　・ストレートに言う
> ・ 別にはずかしいことじゃないから…聞かれたら言う。聞かれないなら言わないってするな！
> ・ そのときは本当に信じられる友達にだけ言うかなぁ。
> ・ 正直につたえる。
> ・ 弟がしょうがいしゃだということを気にしなければ、だんだん言えてくるようになると思います。
> ・ 障害者がテーマのドラマか映画の話をたとえにします☆
> ・ かまわずに言う。　　・ガンバっていう
> ・ 弟の話が出た時に「私の弟しょうがいもってるんだ」といってみたら。
> ・ わかりません。　　・いわない　・おしえる
> ・ わからない　　　・しってる人ならいえます

図 4-6　しぇいむず新聞（アンケート回答部分の抜粋）

みを保護者同士で共有する機会をつくっている。

第 3 節　家族支援の方向性

1. ケアラー支援の現状と課題

「ヤングケアラー」という言葉を聞いたことがあるだろうか。「ヤングケアラー」とは，日本において法律による定義はないが，「家族にケアを要する人がいる場合に，大人が担うようなケア責任を引き受け，家事や家族の世話，介護，感情面のサポートなどを行っている，18歳未満の子どものこと（一般社団法人日本ケアラー連盟）」とされている。

国は，2020年度［三菱 UFJ リサーチ＆コンサルティング株式会社，2021］と 2021 年度［株式会社日本総合研究所，2022］に初となる実態調査を実施し，小学 6 年生の 15 人に 1 人，中学 2 年生の 17 人に 1 人，高校 2 年生（全日制）

の 24 人に 1 人，大学 3 年生の 16 人に 1 人がヤングケアラーの状態に置かれて いると回答したことがわかった。本調査結果を受け，このような状態に置かれて いる子どもに対する支援が社会的に必要であることが広く認知され，各自治 体で実態調査が行われ，支援策が講じられ始めた。「ヤングケアラー」という 言葉の広まりによって，障害のある人の主たる「ケアラー（家族等，無償で介 護を行う者）」の役割を担ってきた家族に対する支援の必要性が広く認知され るようになったともいえる。

　そして，ケアは年齢によって区切られるものではない。ケアラー支援先進国 のイギリスにおいては，高等教育の場に通いながら家族のケアをする学生のこ とを「スチューデントケアラー」と呼び，中退や退学を防ぐ取り組みが行われ ている。大人への移行期となる 20 代から 30 代の「若者ケアラー」については， ケアによって夢を諦めたり，進路選択を狭めたりすることのないよう民間団体 による支援活動も行われている。さらに，働きながらケアを担う「ワーキング ケアラー」なども存在しており，ケアラーが置かれている状況に応じて官民が 連携した支援体制が構築されている。日本においても，家族のケアを担いなが ら自らの人生を生きることの難しさと，それに伴う影響から，全世代における ケアラー支援の必要性が示されており，近年，埼玉県をはじめとする自治体で 「全世代ケアラー」を対象とした支援について規定された条例が施行されてい る。

　とくに障害者支援の枠組みにおいては，ケアを担う家族の存在を前提として 支援制度が組み立てられてきた。ケアラーが抱えている問題は，家族のケアに 依存している社会の問題として捉え，家族のケアを前提としない支援のあり方 を考えることが課題となっている。

2. 包括的家族支援に向けて

　近年，障害福祉や児童福祉の分野の法施策において，障害者のみならず，そ の家族全体を支援することの必要性が示されている。

発達障害者支援法
第十三条（発達障害者の家族等への支援）
　都道府県及び市町村は，発達障害者の家族その他の関係者が適切な対応をすることができるようにすること等のため，児童相談所等関係機関と連携を図りつつ，発達障害者の家族その他の関係者に対し，相談，情報の提供及び助言，発達障害者の家族が互いに支え合うための活動の支援その他の支援を適切に行うよう努めなければならない。

発達障害児者及び家族等支援事業実施要項（厚生労働省，2018b）
　発達障害の子をもつ保護者や配偶者，兄弟同士及び本人同士等が集まり，お互いの悩みの相談や情報交換を行うピアサポートの支援をする。その際，保護者等が活動に参加しやすくなるよう，会場の一部で託児を実施する等の取組を行うこと。また，活動のファシリテーターとなる者の養成を行う。

成育医療等の提供に関する施策の総合的な推進に関する基本的な方針（厚生労働省，2021）
成育医療等の提供に関する施策に関する基本的な事項
2　成育過程にある者等に対する保健（6）子育てや子どもを育てる家庭への支援
　小児慢性特定疾病を抱える児童等，医療的ケア児，発達障害児等の兄弟姉妹への支援を推進する。

　このように，障害のある人の主たる支え手を担っている保護者の立場のみならず，配偶者やきょうだい，祖父母などを含めた家族全体に対する支援の必要性が理解され，法律や支援施策にて示されている。

　これらの根拠をもとに障害者福祉の分野において，障害のある人の家族支援をどのように展開できるだろうか。全ての家族に共通して必要となる支援としては，以下の内容が考えられる。

1）障害理解のための適切な情報提供

障害について正しく理解し，障害のある家族に対する適切なかかわり方がわ

かるよう，それぞれの立場に応じた情報提供を行うことは欠かすことができないだろう。障害の特性について，苦手とする側面だけではなく，強みについても合わせて理解できるようにすることで，健全な家族関係の構築に繋がることが期待される。

2) 家族のケア負担の軽減

冒頭にも述べたように，日本社会においては家族のことは家族で担うことが当たり前であるという価値観があり，とくに障害者家族は，障害のある家族のケアを抱え込みやすい傾向にあることがわかっている。そこで，家族が健全に機能するため，適切な社会資源に繋ぐことによって，ケア負担の軽減をはかることが求められる。

近年示されたヤングケアラー施策においても，「ヤングケアラーが親に代わって行う家事や育児など」も必要に応じて居宅介護の対象範囲に含まれるようになった。しかしながらこのことは十分に知られておらず，例えば，障害のある母親に対して家事を担っている子どもがいた場合，「子ども向けの食事を作ること」は，ケア対象者である「母親」ではなく「子ども向け」の支援と判断され，サービスが適切に利用されていないケースもある。ケアを担う家族の権利が奪われることがないよう，こうした根拠をもとに適切な支援を調整していく必要もあるだろう。

そして，目に見えるような身体的なケアのみならず，われわれ支援者は，目に見えにくいケアにも着目する必要がある。目に見えにくいケアとして，ケアを必要とする家族に対して行う，労いや励ましなどの感情面のサポートは第三者にはわかりづらい微細なケアである。とくにきょうだい児は，日常的に親や障害のある兄弟姉妹に対して感情面のサポートを多く担う現状が示されている[滝島，2022]。支援者は，身体的なケア負担のみならず，精神的なサポートも含めて家族が日常的に担っていることを丁寧に把握した上で，必要に応じてサービスの利用調整や心理的側面からもサポートしていく視点を持つことが必要であろう。

> 　ヤングケアラーの支援に向けた福祉・介護・医療・教育の連携プロジェクト
> チームのとりまとめ報告を踏まえた留意事項について｜2021 年 7 月 12 日付
> 厚生労働省社会・援護局障害保健福祉部障害福祉課事務連絡
> 障害者総合支援法
> 【計画相談支援の実施】
> ・ヤングケアラーが世帯におり，配慮が必要なこと等の利用者の個別性も踏まえ
> 　たサービス等利用計画の作成や適切な頻度でのモニタリングを実施すること
> ・医療・保育・教育等との関係機関との連携が重要
> ・ヤングケアラーがいる家庭に対して計画相談支援を実施した場合，加算算定可
> 　能
> ①医療・保育・教育機関等連携加算（サービス等利用計画の作成のため，児童相
> 　談所等の関係機関と面談を行い，利用者等に関する必要な情報提供を受け，
> 　サービス等利用計画を作成した場合）
> ②集中支援加算（障害福祉サービス等の利用調整のための会議に参加した場合）
> 【居宅介護】
> ・介護給付費の支給決定の判断にあたり，介護を行う者の状況を勘案する際，ヤ
> 　ングケアラーが子どもらしい暮らしを奪われることのないよう配慮
> ・ヤングケアラーが親に代わって行う家事・育児等も必要に応じて居宅介護等の
> 　対象範囲に含まれる

3）伴走者として支援を継続する

　2）で述べたように，サービスの利用調整等により，家族のケア負担を軽減することは家族が健全に機能する上で重要な支援である。しかしながら，家族にとって障害のある家族のケア役割を担うことが自らの存在意義や価値を実感できる手段となっている可能性もある。これまでに自分の人生や時間をかけてケアに取り組んできた家族は，ケア役割を取り除かれた際にどのような感情を抱くだろうか。支援が介入することによって，ケアによる心身の負担が軽減されたとしても，障害者家族を中心に生活することが当たり前であった場合，自分自身の人生を考えることが難しい場合もある。支援者は，支援が介入するこ

122

とがもたらす影響についても自覚した上で，ケア負担の軽減のみならず，ケアを担ってきた家族がその人らしい人生を送ることができるよう，伴走していく姿勢が求められる。

4）ピアサポートによる支援に繋ぐ，場を創出する

　同じ立場の者同士が出会い，支え合う場であるピアサポートグループを活用することにより，障害者家族の悩みや不安，孤立感を軽減することにつながる効果が期待される。保護者については親の会，きょうだいについてはきょうだい会などの活動が地域で展開されはじめているが，存在しない地域もある。そして，祖父母や配偶者・パートナーの支援についてはピアサポートの場が不足している状況にある。ピアサポートの場に繋ぐだけではなく，地域にない場合には新たに創出することを検討することも必要であろう。

　支援者が，障害のある人のみならず，家族一人ひとりを包括的に支える視点をもつことにより，障害者とその家族がよりよく生きることにつながるであろう。障害者家族がケア役割に捉われることなく，自らの人生を歩むことができるよう，それぞれの立場を理解し，支えていくことがわれわれ支援者には求められている。

〔文献〕

浅井佳士・山下八重子・加瀬由香里　2020　自閉スペクトラム症児をもつ母親が抱える困難感と問題対処行動に関する文献研究―心理的支援に焦点を当てて―明治国際医療大学誌，23・24, 13-23.

Drotar, D., Baskiewicz, A., Irvin, N. et al. 1975　The adaptation of parents to the birth of an infant with a congenial malformation ; A hypothetical model. *Pediatrics*, 56（5），710-719.

春木裕美　2020　学齢期の障害児を育てる母親の就業に影響を及ぼす要因　社会福祉学，61（2），16-30.

今野和夫　2011　障害児の祖父母に対する支援についての展望　秋田大学教育文化学部教育実践研究紀要，66, 45-54,

井上雅彦　2012　自閉症スペクトラム（ASD）へのペアレントトレーニング（PT）　発達障害医学の進歩，24, 30-36.

石田史織・奥野ひろみ・五十嵐久人・髙橋宏子・山崎明美　2020　療育施設を利用している発達障害児（疑い含む）の父親の育児実態調査～父親・母親の比較検討～　信州公衆衛生雑誌，14（2），73-81.

一般社団法人日本ケアラー連盟　ヤングケアラーとは
https://carersjapan.com/about-carer/young-carer/（2023.3.14）

株式会社日本総合研究所　2022　令和 3 年度子ども・子育て支援推進調査研究事業ヤングケアラーの実態に関する調査研究　報告書 https://www.jri.co.jp/MediaLibrary/file/column/opinion/detail/2021_13332.pdf（2022.3.14）

海道信明　2020　障害児の父親同士の関係性が子どもの療育に影響を与える可能性―当事者同士の語りから―　21 世紀社会デザイン研究，19, 143-153.

厚生労働省　2018a　平成 28 年生活のしづらさなどに関する調査（全国在宅障害児・者等実態調査）結果　https://www.mhlw.go.jp/toukei/list/dl/seikatsu_chousa_c_h28.pdf,（2023.3.14）

厚生労働省　2018b　発達障害児者及び家族等支援事業の実施について
http://www.rehab.go.jp/application/files/2515/8382/5178/ed5f0b8eb4c8699c4b05040eca4892e6.pdf（2023.3.14）

厚生労働省　2021　成育医療等の提供に関する施策の総合的な推進に関する基本的な方針　https://www.mhlw.go.jp/content/000735844.pdf（2023.3.22）

町田おやじの会　2004　「障害児なんだうちの子」って言えたおやじたち．ぶどう社

前田直　2018　「精神に障害がある人の配偶者・パートナーの支援を考える会」を設立して　精神障害とリハビリテーション，22（2），164-170.

Meyer.D & Vadasy P.F.,2007 Sibshops：Workshops for Siblings of Children with Special Needs. Paul H. Brookes Publishing

三菱 UFJ リサーチ＆コンサルティング株式会社　2021 令和 2 年度子ども・子育て支援推進調査研究事業　ヤングケアラーの実態に関する調査研究　報告書
https://www.murc.jp/wp-content/uploads/2021/04/koukai_210412_7.pdf（2022.3.14）

村上由美　2012　アスペルガーの館　講談社

中田洋二郎　1995　親の障害受容の認識と受容に関する考察―受容の段階説と慢性的悲哀―早稲田心理学年報，27, 83-92.

二重佐和子・津田芳見・田中淳一　2017　障害児の祖父母に関する文献研究　教育
　　実践学論集，S 65-S70.

二重佐和子・津田芳見　2021　孫の発達につまずきがあるのではないかと感じてい
　　る祖父母の孫や保護者に対する関わりと思い　小児の精神と神経，61（2），119-
　　127.

西村勇人・橋本桂奈・水野舞・佐藤充咲　2022　自閉スペクトラム症・注意欠如多
　　動症の混合グループに対する短縮版ペアレントトレーニングの有効性に関する
　　研究　認知行動療法研究，48（2），217-224.

Olshansky, S. 1962　Chronic sorrow；A response to having a mentally defective
　　child. *Social Casework*, 43, 190-193.

岡崎奈津・井上雅彦　2019　発達障害児・者の祖父母に対する母親の意識と支援ニー
　　ズ　鳥取臨床心理研究，12, 3-12.

滝島真優　2022　学校教育における慢性疾患や障害のある子どものきょうだい支援
　　の課題　社会福祉学，64（4），44-57.

土屋葉　2017　障害のある人と家族をめぐる研究動向と課題　家族社会学研究，29,
　　（1），82-90.

植戸貴子　2019　知的障害児・者の社会的ケアへ―「脱親」のためのソーシャルワー
　　ク関西学院大学出版会.

植戸貴子　2020　知的障害者と高齢の親の同居家族への相談支援―障害分野と高齢
　　分野 の有機的連携　相談援助職に対するアンケート調査　神戸女子大学健康福
　　祉学部紀要，12, 1-24.

第5章 〔座談会〕
地域における多機関連携の在り方を探る

　児童期から成人期にかけて継続性のある支援を進めるには，機関同士の連携が求められる。1つの機関だけで支援を担うのではなく，多機関をつなぐ視点，機関同士の協働の重要性はこれまでも指摘されてきた。厚生労働省は障害児者のライフステージに沿った支援のキーワードとして「縦横連携」「切れ目のない支援」「途切れない支援」を示しているが，多機関にわたる連携はどのように行われているのだろう。

　本章では，障害児者の地域支援に携わる4名の方に地域での支援の実際について語っていただいた。なお，座談会で語られている事例についてはプライバシーに配慮し支援の内容を損なわない範囲で修正を加えている。

（編集：蒲生としえ）

座談会出席者

石本由実子（川崎市中央療育センター入所部　ソーシャルワーカー）

高橋　洋子（社会福祉法人あおぞら共生会　支援員，ガイドヘルパー）

中村　三美（緑区基幹相談支援センター　相談主任）

三河　直樹（社会福祉法人同愛会・てらんザウルス　統括所長）

※所属は2022年11月時のもの

三河　本日は多機関での連携のあり方を探るということで皆さんに集まっていただきました。どういう方が集まっているかということで，自己紹介をお願いいたします。まず私から。司会を務めます同愛会の三河と申します。横浜市でグループホームと就労継続支援Ｂ型事業所と障害者地域作業所型地域生活支援センターの運営を行っています。

高橋　高橋です。川崎にあります就労継続支援Ｂ型事業所（以下，就労Ｂ型）の支援員と外出支援をしております。

石本　石本です。川崎市中央療育センター入所部でソーシャルワーカーをしております。中央療育センターの入所部は，5歳から18歳までの児童50名が生活しています。ソーシャルワーカーの仕事は，新規入所，短期入所の調整，子どもたちの卒業後の進路や在宅に戻る方たちのお手伝い，入所施設の入口と出口を担当しております。

中村　緑区基幹相談支援センターで相談主任をしております中村といいます。私は明治学院の社会福祉学科を出まして，横浜市役所に福祉職採用で入りました。最初は知的障害の方の入所支援施設に勤務し，その後は区役所の障害支援担当のケースワーカーとして20年，55歳で早期退職をして，社会福祉法人「ル・プリ」のほうに入りまして9年目です。

地域におけるそれぞれの役割

三河　皆さま，よろしくお願いいたします。まずは地域支援での役割について，お話しいただきたいと思います。自分の職場はグループホームが10か所ありますので，各基幹相談からとか，地域安心サポーターの方から，入居の相談があって，基本的には家賃が払えればという大前提がありますが，生活の場の提供としてグループホームがあります。就労Ｂ型では地域のお茶屋さんの箱作りなど，近隣の商店街からお仕事をいただき，地域の役割を意識しながらみんなで仕事をして，ゆくゆくは一般就労を目指していく活動場所となっています。もう1つは横浜市の地域活動支援センター管轄の障害者地域作業所型という事業をしています。どちらかというと穏やかに時間が流れている場所というか，

居場所がない人が安心していられる場所として使ってもらっています。

高橋　私が勤めている就労B型は施設で内職的な仕事をする人もいますが，施設外就労でリサイクル工場で飲料水のペットボトルと缶を分別する仕事をします。3年目に入り社員の方たちも気軽に障害がある利用者に話しかけてくれるようになりました。一緒に働くことで見方，考え方が変わってきたことは地域支援でのひとつの役割になったのではないでしょうか。また，就労B型は就労に向けてのステップの場として利用者が会社で働くイメージが少し持てたことがモチベーションにつながったと感じられます。休日は外出支援をしております。行動援護の方との行き先を決めるにあたっては，それぞれの事業所のスタッフの意見を参考にしながら，外出支援を行っております。外出支援の部分だけですと，分からないことも多いので，事業所との連携を取りつつやっています。

石本　中央療育センターに短期入所，新規入所，緊急一時保護で入所される方については，保護者や関係機関，児童相談所などから情報をいただいて，それを現場の職員につなぐというのがワーカーの仕事になります。また，卒業していく子どもたちには，就労先は学校がメインとなってコーディネートするのですが，生活の場，主にグループホームは入所施設のワーカーが中心となって探して，次の支援者，相談の方とか，そういったネットワークを作るのが地域支援の役割です。

中村　今の職場は，社会福祉法人型の障害者地域活動ホーム*1の相談部門で，計画相談と基幹相談支援センターをやっています。最初，私が区役所のケースワーカーから転職したときに，横浜は50年前から福祉職採用をしていますから，それとは別にまた地域の相談員というのは，どういうふうに仕事の分担をすればいいのかな，なんて思ったりしました。今の区役所のケースワーカーは福祉職だけれども，事務的な業務も多く，膨大なケース数を抱えていますので，人員が足りていないんです。そこで身近な地域の相談場所として区役所と一体になって知的，身体，精神，三障害の相談を基幹が担当することになりまして，役所はちょっと敷居が高いという方でも，いつでも誰でもどんな障害の人でも，

障害手帳がなくても「困ったら来て」というところという認識を持っています。発達障害とかグレーゾーンの方の相談ももちろんオーケーです。

三河 発達障害の方とかグレーゾーンの方が，相談に行くきっかけには，どういうきっかけがあったのでしょうか。

中村 多いのはインターネットで調べたとか，区役所や療育センターから紹介されたとかですね。

印象に残る支援

三河 実際に機関同士で連携する中で，印象に残った事例をお話ししていただきたいと思います。石本さん，印象に残っている事例をご紹介いただけますか。

石本 短期入所で利用された自閉症の小学生です。祖母が主たる養育者として生活されています。祖母自身がご高齢なことやさまざまな事情から「養育が限界なんじゃないか」という話を学校や放課後等デイサービス（以下，放デイ）から受けて，療育センターのショートステイの利用を勧められてきました。ただ，祖母としては，孫を取り上げられてしまうという印象が強くて，なかなか利用に至らなかったです。そこで祖母が信頼している放デイや今まで使っていた短期入所の支援の方にまずお話をして，療育センターを使うことを勧めてもらうようにしました。他の機関の支援者に間に入ってもらい，療育センターをいつ使うかというやりとりを祖母としてもらい，まず利用してもらう，そこを取りつけました。利用が開始してからもこまめに祖母に連絡をしたり，利用中に児童が体調を崩したのですが，療育センターの中で療養しました。そういう積み重ねの中で，祖母との信頼関係を築くことができ，今では病院受診に同席させてもらったり，短期入所の利用についても直接祖母とやり取りができるようになっています。支援機関とも定期的なケース会議をして情報共有し，利用ごとに必ず学校や児童相談所，放デイにも連絡をして，日々の様子をそれぞれが共有し合っています。

三河 その方に関わっている支援機関は，具体的に何と何ですか。

石本 区役所の障害担当と児童相談所，あとは相談支援と学校，放デイ，あと

一時預かりの事業所と療育センターです。

三河　療育センターと合わせて 7 つですか。

石本　7 つです。

三河　振り返っていただいて，その 7 つの機関と連携した上で，うまくいった点というのはどういう点になりますか。

石本　うまくいった点は，短期入所の利用申し込みは直接保護者とやり取りするのが原則なのですが，そこにこだわらず，まずは祖母が信頼している方と祖母とでやり取りをしていただくとか，受診同行も，短期入所の業務ではないけれども，ご家族が同行を望んでいて，そのことが子どもにとって最善であるなら，中央療育センターが同席するというように，自分の職務としての役割にこだわらず，やれる人がやれることをして，チームとして支えるということができたことがよかった点だと思っています。

三河　じゃあ，市のおきてを破って，石本さんが動いたわけですね。

石本　子どもと家族のために最善を尽くすという目的は同じだと思うので，誰が何をするかにこだわらないほうがいいと思いました。

三河　7 つもあると，役割分担をしたら逆に大変かなと思っちゃうんですけどね。混乱しちゃう。それで，本人に結局何も返っていかないと，それこそ何の意味もないなと思ってしまう。お話しいただいたケースについてはすばらしい英断だったんですね。逆に，もうちょっとここは工夫したほうがよかったんじゃないかという点があれば教えてください。

石本　支援を始めてから半年以上たったところで，放デイの支援者の方から「入所施設って，聞いたことはあるけれど，実際に利用している人とか中で働いている人と出会ったことはなかった。一回見学させてほしい」ということを言われて，皆さんにとって入所施設というのは結構，知っているけど入ったことはないという場所だったんだなというのにそのとき初めて気がついて，保護者だけではなく，支援している方にも入所施設を見ていただく機会をもっと早いうちから設けたほうがよかったなというのが，こうしておけばよかったという今後の反省です。

三河　今で言うとケース会議……，「ケース会議」という名前であっていますか？　機関が集まってやるという会議は。

石本　そうですね。「カンファレンス」とか，学校が主体になると「面談」とかいうふうになりますが。

三河　では，何か事例というか，主体で呼びかけるところがそのときの様子によって違うということですかね，同じ方のカンファレンスでも。大体一緒なんですか，呼びかける主体は。

石本　いえ，入所されている方，保護されている方は，児童相談所の呼びかけが多いです。短期入所の方は，相談支援の方の呼びかけが多いです。

三河　その共同のカンファレンスの意義というのは，どういうところに感じますか。

石本　みんながその子とそのご家族に対して，どういう目的を持って支援していくかという，同じ方向を向けるようにすることが大切かなと。それぞれがそれぞれの思いで別々のことをしないようにするには，情報共有とみんなで集まったカンファレンスでの目的の共有が必要だと思っています。

三河　そのカンファレンスをやると，同じ方向に固まるんですか。絶対に違うという人がたまにいたりとかするんですかね。

石本　ああ，違うなというのを実感することもあります。

三河　実感ということは，実際には違うなということを議論はされないまま，何となく感じてそのまま終わってしまうということですか。

石本　できるだけ妥協点は見つけたいと思っています。中央療育センターは中央療育センターとしての考えがあって，それぞれの支援者の方にそれぞれのお考えがあって，ましてや地域で見ている方と入所施設として見ているものというのは違うと思うので，みんながその場で意見を出し合って，その子にとって，その家族にとって何が最善なのかを見つければいいと思います。

三河　それでまた部署内は部署内で持ち帰って，じゃあどういう支援をしていって，また次のカンファレンスに向けて報告して，どうしようかという流れがカンファレンスを通じて支援が決まっていって，繰り返されていくというイ

メージでいいんですかね。

石本　そうですね。ユニットにカンファレンスの報告をして，こういう方向性でやっていきましょう，中央療育としてはこういった支援をしていきましょうというのを，ユニット会議等で入所部の支援員みんなと一緒に話し合います。

地域の声から実現した「みんなのケア会議」

三河　中村さん，お願いします。

中村　地域との関係で，基幹相談がかかわっているとても興味深い事例があったので，それをお話ししようと思います。30歳代の自閉症の男性です。学校を卒業後，就労したけれどもうまく行かず，就労B型の作業所に行っていたのですけれども，結局在宅になってしまったのです。お父さんが不安に思って，区のケースワーカーから勧められて，後見的支援室*² に登録をして，後見的支援室がかかわっていました。日中の過ごし場所を探すということで基幹相談がかかわりました。この方は精神的な不安定さもあったので，就労していたとき，医療機関に服薬も含めてつながっています。お父さんは日中仕事に出ているので家でご本人1人になってしまう。そこで自由に外出をして，興味の赴くままに行動してしまい，いろいろ地域でも問題が起きてきた。自分が「あっ，この人！」と思った人のところにぱーっと近寄っていって，握手を求めて。本人にとってはやりたいことをやっているだけなんだけど，地域の方にとっては「知らない男の人が急に近寄ってきて，びっくりしてしまう」って。本人自身がおどかすつもりはなくても，ちょっと背中をぽんと押したりとか，マンションの階段のところに座って，人が来るのを待っていたりということで，地域の，特に高齢の方が，怖くて外に出られないというような不安を訴える声が複数の方から出てきました。最初に，民生委員さんから社会福祉協議会に訴えがあり，それを聞いた後見的支援室の方が声を上げてくれました。高齢者にかかわるということで地域ケアプラザ*³（以下，ケアプラザ）にも話が伝わって「基幹さんが関わっているんだったら，支援をもうちょっとなんとかして」って。そんなことで，地域の不安の声から支援者が動き出したんですね。民生委員とかケ

アプラザというのは社会福祉協議会と太いつながりがあるけれど，意外と基幹相談支援センターって「地域に根差した相談」と謳っている割には，実際の地域のつながりってどうやって作っていったらいいか分からないというのがあって，あまり関係性がなかったんですね。この地域の声からケアプラザの方がいろいろ動いて調整してくれました。基幹の支援としては，家庭で，薬の飲み忘れとかあって，訪問看護師を入れたんですね。訪問看護と基幹相談は情報共有ができていて，家での対応の難しさが挙がっていました。こうした状況下で，住民の方も含めて，親御さんも呼んで，地域会議をやろうということで「みんなのケア会議」という会議をケアプラザのほうが調整してくださって開いたんです。そこでお父さん，民生委員，自治会長，社会福祉協議会，ケアプラザ，後見的支援室，基幹相談支援センターで集まりました。そのケア会議の中で，自閉症の方の特性を知っていただこうということで，地域活動ホームの所長が「自閉症って何だろう？」というミニ講座を行いました。そしてそれぞれの機関がどういうふうに動いているか。お父さんがどんな気持ちで暮らしているかとか，地域の人はどういう気持ちなのか。地域の方の代表の意見を言っていただいたり，それぞれの感想を言って，そして次につなげましょうという，そんな会議をやったんです。

　その会議をやったからといって，急に事態が好転するわけじゃなくて，彼の行動にはそういう背景があって，こんな支援者がいたんだねというような，それぞれの関係性を知り合って，お互いに少し先々の見通しをよくすることができたと思います。

住民目線と支援者目線

三河　今お伺いしていたところで，基幹がまず関わっていて，後見的支援室，区役所。就労B型は以前関わっていたということで，今は入っていないんですか。

中村　そうですね，就労支援センターも関わっていたことはあるんだけど，今は関わってないです。

三河　通院先の病院と地域のケアプラザ，民生委員，社会福祉協議会，訪問看護，自治会。10 か所ぐらいが関わっている。地域会議が開けたことがそうなのかなとは思うのですけれども，うまくいった点というのはどういった点になりますかね。

中村　うまくいかなかった点から話してもいい？このケースは担当の相談員がついて，私がフォローしてという形だったのだけれども，すごい気づいたことがあるのです。支援者って支援者目線になってしまっているから，住民の気持ちが実はよく分かっていないんですよね。支援者も自分の生活者としての目線というのかな，例えばマンションの上の階の生活音が耐え難くうるさいとか，そういう生活者の一面があるのに，仕事のときは，それを横に置いているわけ。それで「住民の人も分かってないよね」「自閉症の特性なんだから，分かってほしいよね」みたいなのがあるんだけど，地域住民にとっては，自分の安心できる暮らしが脅かされているわけですよね。高齢の方は，突き飛ばされて階段から落っこちて骨折したらどうしようとか。それをまず理解しなきゃいけなかった。そしてかかわっている機関も，後見的支援室は福祉相談機関なのだけれど，住民ともつながりがあり，基幹相談に「基幹が関わっているなら，もっと介入してほしい」って。「いやいや，通院同行もしているし，訪問看護も入れているし，情報共有もしている。やることはやっていてこの状況なんだ」というところがあった。でも後から考えてみると，基幹はやっぱり地域の方の実感を，同じ目線になって感じていなかったなという反省がある。後見的支援室にも，基幹相談が具体的にはどういう動きをしているかいまひとつ伝わっていない。お互いに分かっていない部分があったなというのがあった。私たちでさえそうなんだから，民生委員さんとか地域の高齢者の方は，もう全然違う世界なんだよね。そのすり合わせがとても難しいと思った。何か「あなたたち，障害福祉の専門家なんだから」と，結果を求められてしまうんです。でも，はっきり言って，すぐに結果なんか出ない。その溝を埋めてくれるのがケアプラザじゃないか。ケアプラザもどちらかというと住民目線なんだけれども，支援者の話も聞いてくれるし，こういう会議も開いてくれた。でも，この会議をやっ

て改めて，地域との間には埋めがたい深い溝があると思った。それが現実だなと思って，間に入って，その溝を少しは転ばない程度に埋めてくれるのがケアプラザなのかなという認識をこのケースのおかげで初めて知ったというんですかね。そして，その目線の合わせ方がいまだに分からない部分もある。うまくいっていない部分でもあるし，お互いを知ることの難しさをつくづく感じたんですよね。だけど，この会議で少しは支援者もお父さんも含めて堅さが取れて，というところでは，成果があったかなと思っています。

三河　本当にドキッとさせられるような話だったのですけれども，実際に現場にいると，支援者目線になってしまうんですよね。

中村　それは，やっぱり私たちは障害者の本人と父親の味方なんですよ。そのケースの幸せのために基本動いているから，やっぱりどうしても視線は違っちゃうんですよね。なんだけど，あまりにも地域を理解していなかったなという反省はある。

三河　いまだに現場で利用者さんと一緒にいると，どうしても利用者さん寄りというか……。どっちがいいんでしょうね。

中村　それでいいと思うんです。いいと思うんだけど，こういう世界の中で，一緒の土地の中で暮らしているということも忘れちゃいけないし，できれば，仲良くまではいかなくとも，「ああ，あの人ね」って，ニコッとできるようになれるといいよね。

三河　あんまり専門職だから仕事仕事って考えて片意地を張らないで，同じ地域の仲間ですよみたいな。

中村　そう。それで「いやぁ，私たちも困っているんですよね」って言えればいいんだよね。福祉といっても，支援者によってそれぞれ立場が違うので，それを理解しなきゃいけないと思った。

三河　今回の地域会議，「みんなのケア会議」という名前なんですか。

中村　今回はね。定例的にやっているものじゃなくて，特別に招集したので。高齢福祉では，地域ケア会議というのはよく開かれているんですよね。なんだけど，障害者支援では同様の会議はないんだよね。高齢者世常に実は障害者が

埋もれていてということで，会議に呼ばれることはあるけれども，障害主体のそういうものはないのよね。

三河　基幹相談支援センターの中でその方についてカンファレンスをやるというときは，ほかの機関に呼びかけたこともあったんですか。内部的な，支援者目線でのカンファレンスとかは，やっていない？

中村　そうだね。でも，個々の訪問看護とのやり取りとか，そういうのはあったけれども，地域住民も含めて一堂に集まってというのは，定例的にはやっていなかったですね。サービスを使っていなかったから，計画相談も入っていないし。ということでは，大きいカンファレンスはやっていないかな。

機関同士の連携でみえてくる課題

三河　ここまでそれぞれの事例で話をしていただいたのですけれども，お互いに何か聞きたいことがあったら質問して，それに応答していただこうと思うのですが。石本さん，いかがでしょう。

石本　退所児童のことで，退所した後に今まで児童相談所や中央療育センターが担っていた役割を移行していく，障害児から障害者への移行があるのですけれども，そのときに，計画相談がつかない方については，そのグループホームなりの所在地の基幹相談支援センターにケースとして「こういう方が卒業後にそちらの居住になるので，フォローをお願いできますか」という相談をするのですけれども，「何かあってからでないと相談には乗れません」と言われることがとても多くて，正直なところ，何かあってからでは遅いんじゃないかなと思っています。どういうふうにここをうまくつないでいかれるのかを教えていただきたいです。

三河　中村さんが詳しいでしょうか。

中村　それは本来基幹（基幹相談支援センター）がきちんと話を聞くべきだと思います。逆に，何か事が起きてしまってからつなぐでは遅い。これは学校の先生にもよく言うんだけど，「この人は先々，大人になったときに大変だから，相談機関をつけておきたいからつなぎます」ということで十分だと思うんです

ね。本来は，区役所のケースワーカーがそれをずっとやっていたわけですよね。なので，養護学校卒業時点で，区役所の障害担当とマッチングの場面を学校のほうで作って，今やっているかどうかは分からないんですけど，進路相談会みたいなね。

石本　川崎は「福祉相談会」という名前なのですけれども，高校3年生の大体5月か6月でやってはいます。ただ，コロナ禍で中止になってしまったりというのも，ここ数年はあります。

中村　しようがないと言えばしようがないんだけど，コロナのせいにしているね，というところもあるよね。ありませんか？

石本　思います。

中村　必要なものはやっていると思いますよ。でも，頼み方として，「将来こういう不安があるので，相談機関につなげておきたい」というような言い方。不安がなくたって受けるのが相談機関なので，そうしたら区役所のほうにも相談してみるとか。どこかしらとやっぱりつながっておく必要があると思います。

三河　高橋さん，他の機関へのつなぎ方で困ったこととか，思ったことなどありますか。

高橋　そうですね。ここ数年コロナ禍で対面での相談がしにくく，相談支援体制も混乱していると思います。計画相談をしてくださる事業所を探すのもひと苦労で区役所に連絡をして紹介されますが，指定特定事業所もまだまだ少なく誕生日を迎えても，引き続き区役所で計画相談を作っていると聞きます。

三河　支援していて困ったときにパッと思い浮かぶのは，まず区役所なんですかね。さっき中村さんがおっしゃっていた，それぞれの事業所にホームページがあったりすると，直接そこに相談みたいなところもあったりするんですか。

石本　療育センターは，退所する子が川崎市に居住するとは限らないんです。サービスの支給決定は川崎市のそれぞれの区ですが，退所後に他の市に行く子もいるので，まず，そのサービスの支給決定元に相談はするのですけれども，やはり他の行政のところは分からないと言われてしまうので，療育センターがその地域の福祉情報誌とかインターネットとかで手当たり次第に電話するみた

いな形になってしまうので，個人的なつながりがない場合は，まずは区の基幹相談さんに電話をしています。

支援者が求める地域資源

三河　今お話しいただいた事例のことでも結構なのですけれども，こういう地域資源があったらいいなとか，相談する場所や機関はあるんだけど，そこになかなかつながらない。どうやったらつながるのかとか。こんな地域資源とつながるといいなみたいなことがあったら，それぞれお伺いできたらと思います。

高橋　児童養護施設で過ごされて，17歳のときに更生相談所で初めて知的障害という判定がでた方がいました。児童福祉から障害福祉へと移行してサービスを受けるようになり，障害福祉のグループホームを利用してみたら，そこにダウン症の仲間がいた。児童養護施設にいたときもダウン症の児童がいて，その子の面倒をみていたのに，自分が知的障害の手帳をもらってしまった。その葛藤というのがすごくあったので，今後についての話を，もっと面談でできたらよかったなと今すごく思っています。今は結果的にグループホームも出て，一人暮らしをしていますが，日中の活動には適応できないのですね。家で漫画を読んだりしていて。何とかちょっとした買い物はできるんだけど。フリースペース的な誰でも気軽に立ち寄れる場所があって，出入り自由で，何か抱えていたらそこで話ができて，問題解決ができてもできなくてもいいから，そこが居場所なんだ，という場所があったらいいなと思っています。例えば，ショッピングモールの中とか，買い物ついでに，自然に相談ができるような場所があるといいと思います。区役所だったり地域相談だとか基幹の相談に出向くというのはなかなか敷居が高いと思うので，町の中でちょっとしたことでも相談できて，お茶を飲んだりもできたら，もっといいな，と思ったりします。

三河　障害受容の難しさというところかと思います。分かっているんだけど認めたくないというのもありながら，すごく難しいなと思っています。高橋さんがおっしゃっていたように，気軽に行ける場所が地域のどこに行ってもあればいいと思いますね。石本さんからはいかがですか。

石本　入所している子どもたちは，退所のときに療育センターも学校も，全てが卒業になってしまうんです。また新たな支援者の中で，生活していくことになるのですけれども，途切れない自分の居場所というのを入所しているときから持っていたらいいんじゃないかなと思っています。仕事がどうだとか，ふだんの生活がどうだとか言われない関係性の人，いいときも悪いときも「よく来てくれたね。何かいろいろ大変だね」と言ってくれるような関係性の人たち，入所のときから卒業してもずっとつながっていけるような人たちがいたらいいなと思っていて，いま高校3年生の女の子で，地域のお料理教室をされている方の教室に通い始めている子がいます。そういうのがもっとできたらいいんじゃないのかなと思っています。短期の子に関しては，親御さんの送迎が一応療育センターでは基本なのですけれども，親御さんの送迎ができない子で，近隣の方の送迎で利用されている方がいます。関係機関からは，公的ではない支援者の送迎だから「それは支援者として認められない。そういった不安定な環境にあるので，入所したほうがいい」という話もでています。私としては，地域の方の送迎でその子の生活が賄われているのであれば，それでいいんじゃないか。地域と切り離して入所させる必要はないんじゃないかなと思ってしまうので，公的支援のサービスではないけれども，助け合えるようなものがあればいいのにとは思います。

三河　中村さん，お願いします。

中村　異業種との連携って今簡単に言われるんだけど，一番つながりたいのは不動産屋さん。自立生活をしたときに，一人暮らしを始めるときに，理解のある不動産屋を探すのが難しい。今はみんなインターネットで情報を探していて，どこの不動産屋に行っても同じ物件があったりするじゃないですか。そうじゃなくて，昔の町の不動産屋さんみたいな「おじさん，何か良いアパートない？」とか言って，「じゃあ，ここの大家さんは良い人だから，この大家さんに話しておいてやるよ」とかね。そしてそこに軽度の知的障害の方を住まわせてもらうとか。そういうのがないのよね。だから，市内でもちょっとずつやっているところもあるんだけど，不動産屋とか，商店街とか，福祉制度の支援じゃない

ところとつながることで，ちょっとずつ地域生活ができるようにしていけたらいいなと思うんですよね。不動産屋さんも知らないで発達障害のある方が入って困っているということもあると思う。そういう相談も基幹相談は聞けるし，お互いにとっていいんじゃないかと思うんだけど，なかなかきっかけがつかめなくて。さっき石本さんも言っていたけど，役所で受給者証を作らなくても，昔みたいに「じゃあ，おばちゃんが助けてやるよ」とかね，そういう地域力が今はないから何でも専門家に頼む。そうじゃなくて，隣の人がちょっとやってくれたらいいのにとか，そういうのがやっぱり欲しいですよね。地域の地盤を作っていくというのを私たちがやっていかなければいけないと思うんだけど，まだまだそこまで行っていないですよね。インフォーマルなサービスで言えば，福祉にないのが，友達サービス。支援者はお友達にはなれないのよね。でも，友達的な役割をする人が欲しいというときがあって，サービスにも当てはまらないような隙間的な仕事をサービスとしてやってくれる。お金がかからないでやってくれるところ。あるいは，とても安く100円で「手伝うよ」みたいな，友達サービスが欲しいですね。

連携するうえで大事にしていること

三河　ふだんご自身の仕事で，他の機関と関わるときに大事にしていることがあれば教えていただきたいと思います。高橋さん，お願いします。

高橋　さっき石本さんもおっしゃっていたと思うんですけど，同じ目的で支援をする目線で，会議ができたらいいなと思っています。ただ，その会議では，どうしても代表が集まるじゃないですか。私だったら今はヘルパーステーションに所属していて，会議には出ないんだけれども，その会議に出たサービス提供責任者が現場のヘルパーに「こういう思いで支援をしてほしい」という，そこのところが大事だなと改めて今日すごく思いました。本当にみんなでいい会議をして「同じ方向に向かっているよね」って，そこから現場におろすというのが今後，私も仕事をしながら，しなくちゃいけないなと思った次第です。

石本　入所している子どもたちに関しては，家族というのが忘れられてしまう

こともあるんです。でも，私たちはやはり家族というのを大事にしています。児童施設の大切な仕事の「家族の再統合」というのは，在宅復帰をさせることだけではなくて，その親子関係，家族関係の距離感を見るのが大切なので，他機関の支援者の方とかかわるときもそのことを意識しています。今日お話を伺って，地域の皆さんの目線というのが足りていなかったなというのをすごく実感しました。何か「入所施設だし」という気持ちがやっぱり自分の中でもあったなというのを実感して，地域の皆さんの目線で考えていくことが連携をしていくうえで大切だなと感じました。

中村　大事にしていることは，あまりそういうことを意識していないんだけれども，振り返ってみると，相手に対して自分が誠実に対応すること。うそをつかないというんですかね。相手が「そういう方は受け入れられない。ごめんなさい」と言うかもしれないけど全部正直に話して，誠実でありたいなと思うんですね。それで信頼関係を作りたい。一緒に相手の人と作戦を練っていけるような。あとは，この人とまた会って話をしたいなと思えるような関係づくりを目指している。相手もちょっと愚痴を言ってくれるような「最近，こんなのがあって困っちゃって」とかね。そういう関係になりたいと思っているの。

「縦横連携」「途切れない支援」

三河　最後に，厚生労働省が推進している「縦横の連携」「途切れない支援」について少し意見交換してみたいと思います（図5-1参照）。中村さん，実際に基幹相談から見える縦横連携の地域のイメージというのは，今現在どうなっていて，昔の制度で言うと今の制度のどれかというところを含めて教えていただければと思います。

中村　一番顕著なのは，以前は計画相談がなかったですよね。この役割を，横浜市の場合は区役所のケースワーカーが担っていましたよね。基幹相談支援センターは「ゆりかごから墓場まで」なので，1本通っていると思うんです。各機関をコーディネートするのも，基幹相談がやっていけばいいと私は思う。行政，福祉局も縦割りなんですよね。教育と福祉と高齢。福祉でも高齢と障害担

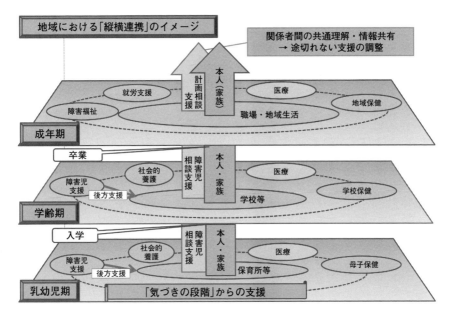

図 5-1　障害児施策の動向［厚生労働省，令和 2 年 12 月より］

当で全然違うし，生活保護も全然違うでしょう。それぞれの部局が別個にやって，別個に話が区役所におりてくるから，役所こそ本当に縦割りなのよね。市役所のここに電話したら全てが分かるというところはあるのかしらと思うんですけど，そういったものが欲しいよね。一番思うのは「18 歳になったら児童相談所は解除ですから」って言い切る人と，「一応 18 歳でうちは解除なんだけれども，本人から話があれば，話ぐらいは聞いたりできますよ」という人もいる。福祉の制度というのは運用という部分があるはずだから，人によって運用部分をうまく発揮してくれる方もいらっしゃる。だから，やっぱり人だなと思うんですよね。同じ機関でも，何人か相談員がいても，自分が関係性を取れている人に話したいじゃないですか。例えば区役所の中でも「Aさんが話しやすいからAさんに話そう」とかね。そうすると，自分の地区担当じゃない相談が来たりすると「私じゃないですから」ではなく，「じゃあ，その人につなぎますよ」とかね。適切な支援につなぐ姿勢を各人が持つというのが必要だと

思うんです。「うちは18歳で終わりだから，区役所に聞いてください」という
やり方もあるけれども，それでは相談した人は「また区役所に一から話さな
きゃならないのか」とがっかりする。「私からつないでおくので，誰々さんに
聞いてみて」とかね，そういうふうにつないでほしい。つなぎの役割を各支援
者が認識することで，このライフステージをつなぐ柱が生かされるんじゃない
かと思うんです。つなぎ方次第ではぶつぶつ切れちゃうこともあります。あと
は，自立支援協議会というものが各区にあります。自立支援協議会は区内の福
祉事業所が出席して学んだり，いろいろ検討したりするところなので，自立支
援協議会でもこの柱を支えるというふうになっていけばいい。

つなぐ姿勢の重要性

中村　児童から成人のステージにいくときに，引継ぎがありますよね。その引
継ぎがあまりうまくいっていないような気もします。今の時代は，こういうふ
うに引継ぎなさいよというマニュアルも必要なのかなと。

三河　つなぎを大事にしながらということですよね。

中村　そう。それで，どうしても年齢で区切るというのはしようがないと思う
んです。専門分野に関しては。だから，そこで区役所とか基幹がつなげばいい
かなと思うんですよね。

三河　石本さん，現場でやっていて何か参考になったことはありますか。

石本　中村さんのお話は参考になりました。学校を卒業して，療育センターを
退所すると，年齢で区切られてしまうので，引継ぎというのはとても大切だと
思っています。

高橋　本当に引継ぎは大切だと思いました。ご家族の方が，新しいサービスを
受けるたびにプロフィールを一から書かなくちゃいけない。「面倒くさい」と
よくおっしゃいますね。そこを一律にすれば，いちいちその施設用の用紙に生
年月日などを書かなくて済むんじゃないのか。申請の部分でもスムーズに，楽
にできるんじゃないかと思います。

三河　僕も「人によるな」というのは毎日感じています。今日はそれぞれの地

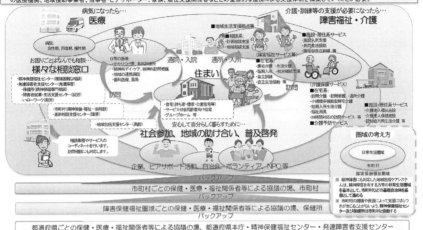

図5-2　令和3年度「横浜市の相談支援体制個別支援から地域づくりへ」

[横浜市健康福祉局障害施策推進課相談支援推進係（横浜市ホームページ）より]

域で，役割の違う皆さんの貴重な意見を伺えてたいへん有意義でした。ありが

とうございました。

（2022年11月23日オンラインにて収録）

＊注

1　障害者地域活動ホーム　在宅の障害児者およびその家族の地域生活を支援する
　　拠点。横浜市独自の施設。主なサービスとして，日中活動事業，生活支援事業，
　　相談支援事業などを実施している。施設規模により機能強化型と社会福祉法人
　　型との2種類がある。

2　後見的支援室　障害者の日常生活を見守り，必要に応じて定期訪問のほか将来
　　的な不安や希望を適切な機関へつなぐ横浜市の制度。

3　地域ケアプラザ　高齢者，子ども，障害のある人など誰もが地域で安心して暮
　　らせるよう取り組んでいる身近な福祉・保健の拠点。横浜市独自の施設。

第6章　多職種連携の必要性

　本章では，福祉分野また福祉分野に限らず「多職種」をテーマに記述をした。「多職種」は文字通り「多くの職種」ではあるが，ある職種から見ればそれは「他職種」とも言えるしまた，その職種がどこかの組織に所属していれば，「多（他）職種」の前に「他機関または関係機関」と表されることもあろう。そして，本書のテーマである「知的障害」や「ASD」の人たちの支援者を「多職種」とした場合，福祉分野全般に比してより絞り込まれた「多職種」になってくる。こうした点から，本節は筆者の経験に基づいた「多職種」としてまとめさせていただいた。そして，2つの事例を挙げさせていただいたので，登場する「多職種」は，支援を必要とする人のニーズによって大きく異なるため，その点も注意深く見ていただければと思う。

第1節　福祉分野における「連携」の意味

1.「連携」とは何か

　社会福祉の分野における「連携」を指す場合，「ネットワーク」や「ネットワーキング」と表されることが多くある。

　この「ネットワーク」や「ネットワーキング」は社会福祉援助技術において，関連援助技術に分類されているが，現代社会においてはあらためてその重要性が認識されている。また，社会的に援助を必要とする人たちを支援する援助手法では，社会福祉援助技術の関連援助技術に分類されている「ケアマネジメン

表6-1 バイスティックの7原則

［バイスティック，2006］

① 個別化の原則
② 意図的な感情表現の原則
③ 統制された情緒関与の原則
④ 受容の原則
⑤ 非審判的態度の原則
⑥ 自己決定の原則
⑦ 秘密保持の原則

ト手法」が中心となっているが，支援そのもののスタートは「主訴」を持つ支援を必要とする人とそれを受ける「支援者」＝多くは「相談員」（ソーシャルワーカー）との1対1の援助関係により導入されるといってよい。かつての支援技法の一つである「ケースワーク」が主流であった時代は，援助者と相談者との関係により完結されることが多かったと言えるが，もちろん「ケースワーク」そのものの援助手法がなくなったわけではなく，現在においてもその基盤となる「バイスティックの7原則」（表6-1）などは援助者が身につけておかなければならない必須事項だと言える。その上に立って，現代社会における複合的な社会福祉ニーズに対して「包括的支援」が求められている状況においては，「ケースワーク」の手法だけでは完結できないとされており，ケアマネジメント手法が台頭してきたのもそのことが理由の1つとして掲げられよう。

このように，ケアマネジメントにおける支援が現代社会における「社会福祉ニーズ」を解決に結びつける重要な方法として台頭してきた背景には，支援を必要とする人たちの複雑かつ複合的なニーズをさまざまな社会資源との関係の中で解決するために「連携」が必要であるという考えに基づいているからだと言える。逆を言えば，現代社会はそれほどに「複雑かつ複合的なニーズ」が支援を必要とする人たちにとって溢れているとも言えるのだ。

2.「連携」が必要とされるのはなぜか

さて，1.で述べた，このケアマネジメント手法は，インテーク（受理）→ アセスメント（査定）→ プランニング（計画策定）→ インターベンション（介入）→ モニタリング（追跡）→ エバリュエーション（事後評価）→ ターミネーション（終結）というプロセスを辿っていくものだが，障害者（児）相談支援においては，プランニングの段階で，必ず「サービス担当者会議」を開

催することが必要とされている。つまり，1人の援助を必要とされる人に対して，関わる（であろう）支援者が1つのチームとなって支援に当たっていくためのプラン作成にとって必要なこととされているのだ。

　そして，「支援」とは，支援を必要としている人の「課題」を解決することだけではない。課題の解決とともに，その人自身がより主体的にそして豊かな生活を送ることができるよう質を高められるようになることも大きな「支援」の中身となる。したがって，福祉という領域に捉われず，さまざまな分野・職種との連携が必要となってくるのである。福祉の領域以外では医療や教育などのフォーマルな資源，地域の関連では自治会や民生・児童委員などのインフォーマルな資源との連携もあげられる。そして，先にも述べたように「支援」自体は「個別」＝ミクロとしてスタートされるが，個別の援助（ケースワークの機能）だけでは遅々として課題解決や生活の質の向上には結びつきにくいことも考えられる。したがって1人の支援を必要とする人に対して，1人の支援者の支援だけではなく，先に掲げた「チーム」としての連携プレイは，ミクロ（個人や家族レベル）に留まることなく，メゾ（組織や地域レベル）やマクロ（自治体や政策レベル）への視点へと広げていくことの可能性を持つことができる。

　その意味では，1人の支援者だけが個のニーズに応えていくために奔走するのではなく，あらゆる地域の社会資源を活用し，課題解決に向けていくことは，同時に地域力の向上にも結びついていくこととなり，地域の変革をもたらすことをも可能にするところに「連携」の持つ役割・必要性があると言えるのだ。

図6-1　ケアマネジメントのプロセス

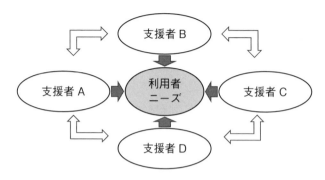

図6-2　サービス担当者会議（多職種連携のイメージ図）

第2節　福祉分野における多職種との連携のあり方

1.「多職種」とは何か

　福祉分野における「多職種」について説明したいと思う。ここでは，「福祉分野」の中における「多職種」と「福祉分野」の『側』から見た「多職種」として記述するため，ややわかりづらい部分もあると思うが，具体的な「職種」を掲げることでご理解を願いたい。

　まず，福祉分野といっても，さまざまな領域の枠組みがある。法律という側面から捉えても「児童」「障害」「高齢」に大別され，「児童」の分野においても「児童福祉法」は大きな枠組みではあるが，児童の定義が法律上明示されている主な法律では，「児童虐待の防止等に関する法律」「学校教育法」「少年法」「子ども・子育て支援法」，そして最も新しい法律としての「こども基本法」などが挙げられる。「障害」の分野では，「身体障害者福祉法」「知的障害者福祉法」「精神保健福祉法」に分けることができる。もっとも障害児者福祉の施策においては，「障害者基本法」「障害者総合支援法」を土台にしていると言える。また，「高齢」分野においては「老人福祉法」「介護保険法」に大別されよう。そして，法律に定まった形で，さまざまな形態の施設種別や職種が存在すると

言って良い。その中で，働く「職種」としては，児童分野においては「児童福祉司」「児童指導員」「保育士」などがあげられ，障害分野では「生活支援員」，「相談支援専門員」などがあり，高齢分野では「介護職員」や「生活相談員」などが上げられる。これら分野別に限らず，共通する国家資格としては，「介護福祉士」「社会福祉士」「精神保健福祉士」等があげられ，高齢分野に特化された公的資格としては「介護支援専門員」＝ケアマネジャーが代表的な職種としてあげられよう。

　このように，福祉分野における職種はさまざまであり，法律上に定まっている資格名称や業務上呼称されている場合もある。また，職種によっては経験年数や研修受講などが前提となる資格も存在しており，一定の実務経験等を積まないと取得できない資格も存在する。

　本書のテーマにおける「知的障害」や「ASD」の人たち（子どもを含む）を対象とした際の「職種」に絞り込むとしたい。筆者のこれまでの経験を元にすると表 6-2 の職種が福祉サイドの代表的な職種であるといえよう。

　一方，福祉分野の施設種別でありながら，福祉分野の職種でない医療職等の有資格者等も多く働いている。医師や看護師，保健師，また理学療法士や作業療法士などがそれに当たる。福祉分野の施設種別ではあるものの，重症心身障害の人たちが生活する「重症心身障害児者施設」は，制度上障害福祉サービスの「療養介護」に位置付けられているものの，厚生労働省のホームページにおいては，次のように説明されている。

　「病院において機能訓練，療養上の管理，看護，医学的管理の下における介護，日常生活上の世話その他必要な医療を要する障害者であって常時介護を要するものにつき，主として昼間において，病院において行われる機能訓練，療養上の管理，看護，医学的管理の下における介護及び日常生活上の世話を行います。また，療養介護のうち医療に係るものを療養介護医療として提供します」というように，明確に「医療機関」として位置づいている福祉施設も存在する。最も，説明書きのとおり，生命維持や生活の質の保障と向上のためには「医療」の存在が不可欠である方々であるため，「医療」を第一義的に必須とす

表 6-2　福祉サイドの代表的な職種

	施 設 種 別	主な福祉分野における職種
障害児	児童発達支援センター 児童発達支援 放課後等デイサービス 障害児入所施設	児童指導員，保育士，社会福祉士，精神保健福祉士，相談支援専門員，児童発達支援管理責任者
障害者	生活介護 療養介護 障害者施設入所支援 共同生活援助 就労移行支援 就労継続支援（A型，B型）	生活支援員，就労支援員，職業支援員，介護福祉士，社会福祉士，精神保健福祉士，サービス管理責任者
共通	居宅介護 行動援護	居宅介護従業者（ホームヘルパー）， 行動援護従業者（ガイドヘルパー）

※教員資格取得者や公認心理師・臨床心理士資格取得者も「福祉分野」の第一線で働いている方も居られるが，ここでは「有資格」ということに絞り込むことなく，あくまでも「社会福祉」という狭義の範囲でカテゴライズしたのでご了承願いたい。

ることは当然のことといえる。

　また，児童分野では医療機能の併設が必置とされている施設種別には，「医療型児童発達支援センター」が上げられる。「福祉型」の児童発達支援センター機能にさらに医療機能を必置とした施設種別である。厚生労働省の説明においては，「医療型児童発達支援センターに通う場合は，医療機関と同一建物等の事業所が行う児童発達支援等の前後の時間でリハビリテーションを受ける」とされている。医療型児童発達支援センターを利用する対象児童が，医療的ケアを必要とする児童や歩行などの運動機能に障害のある児童が利用する施設のため，医療の機能は必然といえるだろう。

　さて，こうした福祉分野の施設種別でありながら福祉分野以外の職種は一体どのような職種があるのか，施設種別に当てはめて見たものが表 6-3 となる。

表 6-3　「福祉分野」の内側から見た「多職種」

	施 設 種 別	福祉分野以外の主な職種
障害児	児童発達支援センター 児童発達支援 放課後等デイサービス 障害児入所施設	医師・看護師（保健師）・理学療法士・作業療法士・言語聴覚士・公認心理師・臨床工学技士・臨床検査技師
障害者	生活介護 療養介護 障害者施設入所支援 共同生活援助 就労移行支援 就労継続支援（A 型，B 型）	医師・看護師（保健師）・理学療法士・作業療法士・言語聴覚士・公認心理師・臨床工学技士・臨床検査技師

※施設種別の中で「医療機能」が必置となっている施設種別は，文中でも説明した通り「医療型児童発達支援センター」と「療養介護」となる。他の施設種別に「必置」の義務はなく，制度上は「専門職の配置による加算」等，「任意」の配置とされている（放課後等デイサービスの内，『重心放課後等デイサービス』は嘱託医師・看護師・機能訓練士の配置は義務付けとなっている）。

　以上のように，「福祉分野」の内側から見た「多職種」（ここでは「他職種」ともいえる）と「福祉分野」の外側に見た「多職種」とに分けてみたところである。
　そして，さらに述べなければならないのは，施設種別には関わらない「多職種」を見ていく必要があるということだ。しかし，ここに全てを記するには広すぎるため，本書のテーマである「知的障害」や「ASD」の人たち（子どもを含む）に特化した形でまとめてみたい（表6-4）。

2.　なぜ，多職種連携が必要とされるのか

　1.で掲げたように，実にさまざまな領域において「多職種」を挙げることができる。まだまだ裾野を広げて挙げられそうな「多職種」もありそうだが，紙面の都合上この辺りで留めておく。そして，ここでは「職種」の中に民生委

表6-4　知的障害・ASD の人たちに関わる「多職種」

	福祉施設を除いた主な分野	主 な 職 種
障害児	保育所・幼稚園・子育て支援拠点・行政機関（子ども子育て窓口，障害当窓口，児童相談所など）・学校・教育委員会・民生児童委員協議会・学保育・医療機関（一般病院，耳鼻科歯科等）	幼稚園教諭・保育士・子育てアドバイザー・保健師・ケースワーカー・児童福祉司・学校教諭・指導主事・児童委員・学童保育指導員　医師・看護師・メディカルスタッフ（PT・OT・ST・CP 等）
障害者	一般企業・行政機関（障害者支援担当等窓口）・医療機関（一般病院・歯科・精神科）・各種司法機関・民生児童委員協議会	企業従業者（人事担当・店長等）・ケースワーカー・医師・看護師・メディカルスタッフ（PT・OT・ST・CP 等）・弁護士・司法書士・行政書士・民生委員

　※1　保育所や学童保育は，「福祉」種別としてカテゴライズされるが，ここでは「障害福祉」としての狭義の範囲としたため「福祉施設を除いた主な分野」とした。

　※2　医療機関は先の「福祉施設」内に配置される医療スタッフとは異なり，社会資源としての「医療機関」として位置づけた。

員や児童委員などのボランタリーな職種も登場しているが，地域のインフォーマルな役割としては重要な職種と思われるため上げさせてもらった。そして，あえてインフォーマルな職種としてさらに上げるとすれば，自治会や子ども会，また地域のボランティアサークルなどもそれに該当してこよう。

　このように，障害児者を取り巻く多職種は多種多様である一方，支援を必要とする人の持つニーズによってどのような関わりとなってくるのかは，第1節2.でも述べさせてもらった「ケアマネジメント」のプロセスにおける「インテーク」や「アセスメント」というニーズの入り口のところである程度見えてくるといえる。その意味では，一義的に支援にあたる支援者の「コーディネート力」，「マネージメント力」，にかかっているといえよう。さらに言えば，支援を必要とする人が，地域生活を営んでいる場合においては，その地域の持つ

地域性や地域力などのいわゆる「地域診断」としての見立ても必要となってくるのは言うまでもない。その中にあって，フォーマルな社会資源にある「多職種」，インフォーマルな社会資源にある「多職種」をいかに有用に取り込み，チームの一員として機能させていくかが大きなポイントであると考えられるのだ。

　そして，このチームが一丸となって支援を必要とする人のニーズの解決に向けて取り組んでいくことが重要となるのである。「多職種」は関わるが「連携」が取れていないと，お互いバラバラの支援となり，「チーム」とは言えない。むしろ，支援を必要とする人にとっては，連携が取れていないバラバラの関りというのは，同じことを何度も説明しなければならなかったり，支援を望む方向性が支援者によって違ったり，とむしろ不信を招きかねない。それどころか，支援自体が遅々として進まない事態に陥ることも考えられる。したがって，チームマネージメントにしっかり取り組むことは，欠かせない位置づけであり，このマネージメントがうまくまとまれば「多職種」の「連携」は軌道に乗っていくといってもよいと考える。

第3節　多職種連携がもたらす効果

　本書が「ASD」や「知的障害」の人たちへの関わりをベースに出版されているため，ここからの2事例はASDの児童に対する多職種連携による実際の支援事例として記載した。

　なお，個人情報が特定されないよう，加工した形での掲載となっているためご了承願いたい。

〔A〕事例 ①

《療育と幼稚園を並行利用をしながらチーム連携し，安定した地域生活へと結びつけた事例》

1．プロフィール（生活歴・病歴等）

氏　名：A君（男児）

年　齢：4歳10か月（年中児）

障害等：自閉スペクトラム症（ASD，IQ97）

◇家族構成

　父・母・兄（16歳）の4人暮らし。郊外のマンション（3LDK），祖父母等の親族は，父方・母方ともに遠方で協力はあまり望めない。また，父親は仕事が多忙のため，夜中に帰宅し朝早く出勤。土日も出勤することが多く，「ワンオペ育児」の状態となっている。兄（現在高校1年生）は，幼児期に言葉の遅れで保健所の「発達相談」を利用した経過はあるが，療育支援等の利用歴はない。

◇生活歴・病歴等

　平成○年○月○日，3200gで正常出産。母親は，軽度の産後うつ（兄出産時にも症状あり）があったが，早期に心療内科に通院し半年ほどで軽快した。

　本児は，夜泣きや癇癪が強く手がかかる乳児期であった。保健所の1歳半児健診時には兄と同様言葉の遅れがあったため，保健所保健師のフォローを受けることとなった。2歳過ぎから少しずつ言葉が話せるようになってきたが，思い通りにならないことに対する癇癪が強まり，引き続き保健師が定期的に相談にあたることとなった。

　3歳児健診を前に，保健所主催の「親子教室」に通うこととなり，3か月ほど利用，3歳児健診では強い癇癪・夜間不眠等による相談があったため，保健所の「心理相談」を利用し発達検査を受けることとなった。検査の結果，DQ（発達指数）は88で標準域であったが，対人コミュニケーションや物事の見通しを立てることへの苦手さなど，発達上の偏りがあることにより，専門機関を進められたが，母親は誰にも相談できずしばらく悶々とした日々を過ごすこととなった。

　兄が通っていた幼稚園と同じ園に就園を決めようと，本児と面接に行ったところ，一時も着席することができず，入園が保留となると同時に園長と個別に

面談を実施。今まで相談できなかった事を園長に相談できたことにより，母親の気持ちが少し整い，療育機関に相談し専門医の診察を受けることとなった。その結果，「自閉スペクトラム症」と診断され心理検査の結果，IQ（知能指数）103 ではあったが，個人内差についての課題を指摘された。幼稚園には年少入園となったが，補助の教諭がつくこと，療育機関を定期利用することとなった。

2.　支援

◇個の相談からのスタート

　療育機関において，利用相談の主訴は，「コミュニケーションが取りづらい」「癇癪が激しく他害や自傷が見られる」「夜熟睡できていない」などがあり，母親は本児の対応による疲労なども訴えられた。また，幼稚園ではお友だちに手が出てしまうなどの行動もあり，その都度相手のご家庭に謝罪するなど，母親のストレスは高く精神的にも追い詰められている様子であった。そのため，本児を早めの診察へとつなげると同時に，保護者の同意を得た上で，関係機関（幼稚園・保健所）と連絡を取ることで情報を共有し継続的に連携することとなった。

◇関わり当初の関係機関の職種

　① 幼稚園（園長・担任・加配教諭）

　② 保健所（保健師・心理師・親子教室保育士）

◇個の相談からチームとしての支援へ

　医師の診察と同時に，心理師による検査・母親との定期面談，本児の身体コントロールを見ていくための作業療法，小集団療育への参加，といったメニューが療育機関から提示され，定期的な療育支援が開始されることとなった。支援にあたり，以下のことがチームとして確認された。

　①本児に対して；強い癇癪や他害・自傷について医療的に診立てていく（医師）。身体コントロールを含め感覚統合療法を定期的に受けていく（作業療法士）。小集団療育の中で，見通しを持って取り組む経験やルールに沿って取り組む経験，また他者とやり取りする経験を増やし成功体験を重ねていく（保育

士・児童指導員）。

②保護者に対して；家庭生活や幼稚園での集団生活について定期的に面談する機会を設け，本児の対応のコツや保護者の悩みについて対応していく（心理師）。幼稚園の状況確認や連携，必要に応じた保健師と連携をとり家庭訪問による生活状況の確認，本児と保護者との関係づくりに努めていく（相談員）。

　登場する多職種は以下のとおりであり，まずは，職種としての役割分担の確認を行い支援を開始した。

　①医師，②作業療法士，③心理師，④保育士・児童指導員，⑤相談員，⑥幼稚園，⑦保健師

　そして，支援の目標は，「本児が安定した家庭生活が送れ，安心した幼稚園生活を送ることができるとともに，母親が気持ちを安定させて，本児の子育てに向き合い，必要に応じて相談機関と連携をとりながら生活を送るようになる」とした。

◇年中児としての初期の職種ごとの関わりの整理

　①幼稚園：園長・担任・補助教諭の連携の中，集団活動への参加は無理強いせず，安心して園生活が送れるよう，園長室なども利用しながらコンスタントに通えるよう支援する。

　②保健師：定期的に関係機関と連絡をとり，必要に応じて幼稚園や家庭訪問を行い母親の相談にも応じていく。

　③医師：本児の強い癇癪など，服薬も視野に置きつつ生活の確認を定期的にしていく。（2か月に1回程度の診察）

　④作業療法士：月に2回感覚統合療法を実施していく。

　⑤心理師：主に母親の家庭での本児の対応に関する悩み等について相談していく（2か月に1回の面談，本児は年に1回心理検査を実施）。

　⑥保育士・児童指導員：全5回コースの小集団療育（児童6人）において，集団活動の経験と同年代の児童とのやり取りの経験を提供する。

　⑦相談員：幼稚園・保健師と連携しつつ，医師や作業療法士・心理師とも関わり状況や本児の変化等について把握をしていく。必要に応じて，幼稚園

訪問や家庭訪問も実施する。

　チームで関わりを開始し，3 か月目にいわゆる「ケア会議」を実施，本児と母親の変化を確認することとなった。また，年長児に向けた方針を確認し合うこととなった。

3.　各機関（職種）の関わり

　各機関（職種）の関わりは以下の通り。

　①幼稚園：1 週間の内，2 日は午前中で帰宅することとし，3 日は終日登園。給食は園長室で補助教諭と一緒に食べる。集団活動は，事前に活動内容を提示して，本児と相談しながら参加できそうな活動は参加し，見学する活動は見学，別活動を別室でする等，バリエーションを増やすことで，比較的落ち着いて過ごせる時間が多くなった。

　課題としては，活動参加した際に，自分の思い通りにならない場合等は他児に手が出そうになったり，暴言を吐いてしまうなどが見られている。

　②保健師：この間は，二度ほど電話で家庭生活の確認，幼稚園へ一度連絡をし，幼稚園生活の確認を行った。①のような状況確認もでき，母親も徐々に穏やかに生活が送れる様子を把握された。

　③医師：この間，一度診察に入られた。家庭や幼稚園での様子を確認しつつ，突発的な言動に関しては，服薬による相談を母親と開始した。

　④心理師：医師の診察の無い月に，二度相談対応した。60 分の面談時間では足らないくらい，母親からは家での出来事や幼稚園でのエピソードなど，不安や心配事を話されている。今の段階では，母親の不安・心配な気持ちを傾聴姿勢で面談を続けて行く方針としている。

　⑤作業療法士：月 2 回の予約はほとんどキャンセルすることなく 1 時間のセッションを実施。体を思いっきり動かしたり，力強く体力を使えたりすることで，毎回充実して帰ることができている。

　⑥保育士・児童指導員：全 5 回コース（週 1 回，午前 10 時から 12 時，2 か月間）の小集団療育に参加した。同じ学年齢の児童 6 人と，一斉集団の活動の

経験，自由遊び時間での他児とのやりとりコミュニケーション）の積み重ね。保護者面談を通した本児の特性理解について伝えていった。他児との関わりの時間は，職員が介入していても手が出てしまうなどの行動が見られた。

　⑦相談員：この間は，幼稚園へ一度訪問を実施し，集団の様子を確認，園側と情報共有をしている。保護者とは，医師診察時，心理相談時に会い，様子などを聞き取っている。また，小集団療育の様子や作業療法士とも連絡を密にしている。

◇多職種連携による効果

　①それぞれの場面で見せる本児の特性や状態像をさまざまな機関・職種で共有・認識することができた。

　②本児だけでなく，母親の心配事や悩みをさまざまな機関・職種で共有・認識することができた。

　③それぞれの職種が，1つの支援目標に一致させ，そのことに向けて「職種」としての役割を持って関わることができることとなった。

　④チームとして機能させたことで，定例的に情報共有の場を作り，それぞれの職種がアップデートしながら関わることができた。

　⑤チームで関わることにより，一貫した対応となるため，本児も保護者も混乱することなく，むしろ安心感が基盤となり徐々に家庭生活も落ち着いたものへとなってきた。

＊

　以上のように，本事例ではさまざまな職種が登場している。しかし，本児や母親に関わる頻度は一様ではなく，濃淡がつくのだが，これもチームとしての役割を明確化した上で機能しているとすれば当たり前とも言えよう。先に掲げた③に「役割」とあるが，これは「職種」の持つ「職制」の役割を明確化した上での分担ともいえる。

　この点は，チームを機能させていくための「マネージメント」が非常に重要となるが，後に本児が障害児通所支援事業を利用する際に「障害児支援利用計画」を立案することとなった「相談員」－「相談支援専門員」（ソーシャル

ワーカー）がチームのキーパーソンとなってチームを機能させてきた点からすると，相談員（ソーシャルワーカー）の持つ本来的な「職制」として役割を発揮した事例ということができよう。

〔B〕事例 ②
《不登校となった学齢児の支援を教育との連携により再登校のきっかけを作った事例》

1. プロフィール（生活歴・病歴等）
氏　　名：B君（男児）
年　　齢：11歳（小学校5年生）
障害等：自閉スペクトラム症（ASD，IQ128）
◇家族構成
　父・母・弟（小2）の4人暮らし。一戸建て（4LDK）。父親は仕事が多忙ではあるが，土日は極力子どもたちと過ごすことに心がけており協力的な側面もある。本児が小学校3年生の夏休み明けから登校できなくなったことから，家の中が荒れている状態が多くなり，母親だけでは片付けられず，食器・洗濯物などは居間に散乱している状態となっており，その状態が約2年間続いている。
◇生活歴・病歴等
　平成○年○月○日，2825gで正常出産。母子共に健康な状態であった。本児は，よく眠る子で，ほとんど手もかからない乳児期ですくすくと成長していった。保健所の1歳半児健診時に言葉の遅れがあり，保健所保健師のフォローを受けることとなったものの，2歳時に保健師フォロー電話の際には2語文〜3語文と話せることも増えてきたことからフォロー終了となった。理解面では，何かに集中をしていると呼んでも振り向かない点や1つのものにこだわると果てしなくやり続けるなどの特徴は見られたが，母親の声がけに対してすぐに切り替えることもできることが多かったため，大きな困り感として残るようなことはなかった。

　3歳児で比較的集団カリキュラムの整っている幼稚園に入園。ほどなくして母親が第二子を妊娠する。本児は弟ができることを楽しみにしながら幼稚園生活も問題なく過ごし，むしろ「できる子」として園児代表として発表したり，皆の前で挨拶をしたりと優秀ぶりを発揮することが目立っていた。本児が5歳（年中）の時に弟が生まれたが，1歳前後までは幼児退行様の状態を呈したものの，原因は第二子出産によることが理由だからと，父母ともに本児に向き合う時間を保障していくことでそれほど大きな困り感になることはなかった。

　小学校は私立受験も考えたが，経済的事情により学区の小学校に進学した。学習面では全く問題がなく，むしろ学年が上の問題も解いてしまう勢いのため，授業時間を持て余してしまうこともあった。休み時間は一定の友だちと交流することもあるが，図書館で本を読んだり教室の自席で自由ノートに絵を描いたりして過ごすことも多くあった。

　小学校1年生〜2年生はこのような調子で過ごしてきたが，3年生に上がった際に大幅なクラス替えがあり，また担任となった先生と本人の相性があまり良くないことにより，「行きたくない」と登校を渋ることが目立つようになってきた。両親ともに本人がこのような意思表示をするのが初めてのことであり，戸惑いながらも「行きなさい」と何とか登校させることを第一に考えてきたが，2時間目から出席したり，3時間目から出席したり，また徐々に欠席する日も増えてきてしまった。学校も担任初め校長先生も，できるだけ出席を促してほしい，と保護者同伴でも良いので出席できるよう努力して欲しいと保護者に要請をされた。両親は引き続き学校に行くように本児に働きかけたが一向に状況は好転せず，夏休みに入ることとなった。

　夏休み中はいつもとかわらず，九州の父親方の実家に遊びにいくなどのびのびと過ごしたが，夏休み明けの始業式を目前に自室に引きこもり，全く登校ができない状況となった。学校の進めもあり，スクールカウンセラーへの相談を勧められ，両親揃って面接を実施，幼少期からの詳しい聞き取りの中で，カウンセラーからは「確定的なことは言えないが，ひょっとしたらB君には『発達上の偏り』があるかも知れません」と話があり，専門機関の紹介を受けるこ

ととなった。

2. 支援
◇個の相談からのスタート
　スクールカウンセラーから紹介を受けてからおよそ1年後に療育機関を利用
することとなった。この間，学校には全く行けない状況となっていたが，ご両
親はカウンセラーからの「発達の偏り」という言葉が引っかかり，なかなか前
向きに相談する気持ちにならなかったようだった。まず，一義的に相談のイン
テークを受けた相談員はそうした経過にあることを踏まえ，すぐに医師への診
療へとつなげることをせず，まず本児に会いに家庭訪問をさせてもらうこと，
保護者の同意を得て学校と連携をとらせてもらうこと，の2点に絞った形で関
りを開始することとした。
◇関わり当初の関係機関の職種
　①学校（校長・特別支援教育コーディネーター・担任）
　②区役所（スクールカウンセラー）
◇個の相談からチームとしての支援へ
　(1) まず，第一に相談員が取り組んだのは，家庭訪問を行い本児との関係性
を作ることであった。保護者の了解は得つつも本児と会えることは最初の訪問
から4回目であった。その間は，主に母親と話をすることが中心であったが，
その際に家庭の状況（家庭内が荒れている状況）などを確認をすることもでき
た。
　本児の家と小学校の距離は徒歩15分程度のため，家庭訪問後は家庭の様子
を学校長や担任，特別支援教育コーディネーターに報告するなどを行った。
　本児と顔を合わせることができたのは，夕方本児が弟とテレビゲームをして
いるところを何となく見させてもらったところからであり，相談員は自身の名
前を自己紹介したにとどまり，何の目的で家庭訪問に来たのか等は特に告げる
ことはしなかった。
　本児と弟のゲームの話題に入れたことでしばし盛り上がると，本児から「ま

た来ていいよ」という言葉が聞けたことにより，その後は短期集中的に家庭訪問を実施した。

　その中で，何で学校に行くのが嫌なのか，さりげなく聞いてみると，

ア．幼少期から皆で揃って何かをやらなければならない理由がわからなかったし今もわからない。

イ．やるからには，失敗は許されないと思っていたし，見本通りにやらなければならないと思っていた。すごく疲れた。

ウ．先生や皆が，僕のことを「すごいね」と褒めてくれていたが，見本通りにやるのは当たり前だし，なぜ褒められるのかがわからなかった。

エ．小学校に上がって，勉強が始まったけれど，みんな揃って同じスピードでやらなければならないことはとても疲れたし，時間を持て余してしまうこともあった。

オ．先生や皆が，楽しいと思うことや楽しくしていることは，自分の中では理解できなかったけれど楽しいふりをして過ごすこともたくさんあった。とても疲れた。

カ．中休みや昼休みの自由時間が唯一，自分の時間であり図書館で本を読んだり，空想事を絵に描いたりできた。時々友だちが校庭で遊ぼうと誘ってきたことを断ることができず，そういう日は本当に疲れたし，一日が台無しになったと思った。

　このようなことを訥々と語ってくれたのだ。

　両親には，周囲にはわからない辛さが本人にはあったのだということを理解してもらい，一度児童精神科医に保護者の相談だけでも良いから来所できないか，お伝えしたところ，そのことで何かが前進するのであればと医師の相談につながるに至った。事前にア〜カのことを児童精神科医師に相談することの同意を保護者から得て，相談員から児童精神科医師に相談した。乳児期〜幼児期からの様子や心理検査等，総合的に診ないと何とも言えないが，ASDの特性は十分ありそうであり，今まで知的能力により社会との協調を保ってきたのではないか，と推察された。現段階で，本人自身が受診をすることが難しい点か

ら，医師への「相談」として両親だけの相談の機会として進めていくこととした。

　乳幼児期の様子や小学校へ上がってからの様子，エピソードなどから ASD の傾向があることをご両親に説明した。周囲は特に何も問題がなく，むしろ優秀なくらいだと思っていても，本人の頭の中や心の中では常に葛藤が生まれており，その蓄積が年度切り替わりの環境の変化とも重なり今のような状況になったのだろう，という内容を聞き，両親は「何となく，原因がわかってよかった，しかしこれからどうすれば良いのだろうか」と先行きの不安を口にされていた。

　(2) 引き続き相談員は家庭訪問を繰り返した。学校や勉強のことには触れず，黙ってゲームだけで過ごす日もあった。何とか相談員以外の人との接点を作ろうと，本児と比較的相性のよかった小学校の特別支援教育コーディネーターの先生の話題に水を向けると，「あの先生は僕のことを理解してくれていたよ」という言葉を聞くことができたため，「今度さそって一緒にゲームやろうか??」と恐る恐る提案してみると，「別にいいよ」という返事であった。

　相談員は，学校に連絡し特別支援教育コーディネーターに本人の言葉を伝えたところ，家庭訪問に快諾され，相談員とともに同行訪問をすることとなった。本人は淡々と受け入れ，またコーディネーターも学校の話題には触れることなく，こうして4年生の期間が経過していった。

　この間の，関係機関職種多職種との連携，関りは以下のとおりである。

　①医師（保護者相談），②学校（学校長・特別支援教育コーディネーター・担任），③区役所（スクールカウンセラー），④療育機関相談員。

　そして，学校で3回ほどご両親を交えてのケア会議を開催し，家庭や相談員が訪問した際の様子，両親が児童精神科医師に相談した際の所見，本児が訥々と語った幼少期からの思い，コーディネーターとの同行訪問の様子等々を共有し，「登校」を積極的に進めるのではなく，本児との関係性を切らさない関わりを第一優先にすることで確認をした。

　結果的に本事例は，本児が5年生になった段階で，担任の交代やクラス替え

などから，本児にとっても「学校に行けるきっかけ」となりそうな環境には
なったものの，まだまだ精神的な負担が大きく，相談員・コーディネーターと
一緒に放課後の誰もいない教室を見に行ったり，短時間ではあるものの，本児
の在籍級の自席に座って個別学習をしたりするなどして少しずつ学校という環
境に慣れていく状況づくりをしている。本質的な課題として，本児から「なぜ，
学校に行かなければならないのか」「なぜ，この学習をやらなければならない
のか」「なぜ，皆と一斉に同じことをやるのか」という点においては，幼少期
に葛藤していたそれとは大きく変化することはなく，この段階では本児の思い
や考えを全肯定し承認することによって徐々に前向きになっていくことを見守
ることで，何かに興味を持ったり取り組んでみたりすることを待っている状況
となっている。

3. 多職種連携による効果

①非常に発見しづらい本児の状態像を，相談員の関わりから「医療的な見立
　て」に結びつけ，その特性に合った対応に心がけることができた。
②教育年齢という点から，「学校への登校」を第一優先にしがちだが，そう
　ではなく，本児のこれまでの思いや葛藤を学校長や特別支援教育コーディ
　ネーターと共有することで，関りや対応を1つの方向にすることができた。
③医療・福祉・教育の連携の中，特に療育機関の相談員と学校の特別支援教
　育コーディネーターが揃って本児にアプローチし，一定の信頼関係の構築
　や，本児の思いを受け止め，負荷なく無理のない「学校」の登校の兆しが
　徐々に見られてくるようになったことを確認・共有できた。

*

以上のように，本事例は学齢年齢のため「学校（義務教育年齢）への登校の
再開」を第一優先のテーマにしたくなるが，本児のこれまで感じ取ってきた社
会性な特性について，しっかりと学校側と共有することで，先の「登校再開を
第一優先のテーマ」にすることから外すことができたのだ。これは当初，学校
側は「とりあえず連れてきてください」という考えを180度転換することと

もなり，教育側の「発達障害」に対する理解が進んでいることとも関連しているとも言えるであろう。その中にあって，本事例の特別支援教育コーディネーターの先生が本児を充分に理解し，またこれまで ASD に関する研修や教育現場における数々の実践経験等から，支援の方向性の共有を図っていくのに，それほどハードルの高さがなかったという点もチーム内の理解を深めた大きな要因になったといえる。

第 4 節　多職種連携を実践していくために

1. チームアプローチという視点

　福祉分野における支援の基本は，現代において「チームアプローチ」が当たり前となっており，「連携」や「ネットワーク」などが唱えられてからは随分と久しくなっていると言えることは冒頭でも述べてきた。また，既に記述したとおり，障害福祉の分野においては，いわゆる「ケア計画（ケアプラン）」を作成することが必然なっており，サービス担当者会議や個別支援会議，またモニタリング会議を行うよう「制度上の仕組み」とし位置付けられている。したがって，支援者の経験や技量，知識によらず，「チーム支援」を構成していくことが当たり前なっており，それ無くしては支援を前進させることができない制度上の「建付け」になっていることが前提になっていることを理解しておかねばならない。

　しかし，制度上の「建付け」によらず，支援を必要としている人の「主訴」をしっかり受け止めるインテーク技術やその人の持つ「真のニーズ」を導き出すアセスメント技術が大変重要になることは言うまでもない。第一義的に主訴を受け止めた支援者（その職制から多くは，相談員＝ソーシャルワーカー，相談支援専門員であると言えよう）が支援を必要とする人の「真のニーズ」をどのように受け止め，導き出し，そしてそのニーズを解決していくためには，フォーマル・インフォーマル問わず，どのような支援内容が必要なのかがしっかり吟味・熟考され，そこから見えてくる「関係者」＝多職種をどのように揃

えていけば良いのか，どのような人たちと連携をとれば良いのか，などの具現化された実践が求められるのだ。「連携をとることを目的とした『連携』」や「ネットワークを作るためだけを目的とした『ネットワーク』」では，真にニーズの解決には結びついていかないと考えられる。したがって，チームアプローチを進めていくチームマネージメントをする役割の支援者はこのことを念頭に置き，しっかりとチームを「先導」していかなければならないのだ。こうした視点を持つことが真のニーズに応えていくことのできる本来的な「チームアプローチ」であり多職種連携といえよう。

2. 実践を振り返り今後に繋げていくために

　支援の実践の中でよく見られるのは，「やったらやりっぱなし」ということがある。支援の基本的な考えや，支援の元となる「支援計画」（ケア計画＝ケアプラン）も「作成して終わり」ということが筆者の周りでもよくあることと認識している。本節 1. でも述べている通り，現在は「サービス担当者会議」や「個別支援会議」そして支援を振り返る「モニタリング会議」は制度の仕組み上であるが，本来，Plan（計画）→ Do（実行）→ Check（評価）→ Action（改善）のサイクルで進めていかねばならないところ，多く見られる実践には，Plan（計画）→ Do（実行）の繰り返しになることが散見されるということだ。そして，現場の実践的な支援の振り返りの中でよく見られる光景は，単に「うまくいったか」「うまくいかなかったのか」に留まることが多く，「うまくいったのであれば」「継続的に支援していく」という内容となり，「うまくいかなかった」のであれば「違う支援方法の計画を立てる」というものになる。ここで大きく抜け落ちてしまっているものとしては，「うまくいったのであれば」，具体的に何が，どのような効果をもたらしたのか，そしてそれがチーム連携の中であったのだとすれば「連携した相乗効果」や「連携により効果を得たポイント」が導き出されなければならない。また，「うまくいかなかった」のであれば，具体的に何が，どううまくいかなかったのか，それがチーム連携の中でのことであれば「連携ミス」や「連携が効果的に働かなかった」点をしっかり

振り返る必要があるということだ。チームアプローチにおいては，支援を必要とする人のニーズを解決することが第一義的な目標としながらも，支援者である多職種が個々の支援を通じてニーズを解決していくものと，チームとしての連携の中でニーズを解決していくことの2つの軸をしっかり分けた上でCheck（評価）することが必要だといえる。

　したがって，多職種同士がお互いの職制や役割をしっかり確認し，自身の職制の領域以外のことに対しても関心を寄せ，必要に応じてある程度の知識等も習得しておくことで，お互いの役割を理解し合うことが，より緊密なチーム連携・多職種連携が図ることができることに通ずることになると理解しておく必要があると考えるのである。

〔文献〕

岩間信之・白澤政和・福山和女（編著）2010　ソーシャルワークの理論と方法Ⅰ　ミネルヴァ書房

日本相談支援専門員協会（監修）　小澤　温（編集）2020　障害者相談支援従事者研修テキスト初任者研修編　中央法規

野中　猛　1997　図解ケアマネジメント　中央法規

渡部律子　2013　「人間行動理解」で磨くケアマネジメント実践力　中央法規

バイステック，F. P.／尾崎　新・原田和幸・福田俊子（訳）2006　ケースワークの原則　［新訳改訂版］―援助関係を形成する技法―　誠信書房

第7章　支援職にとっての学び
──事例検討会を中心に──

　近年異業種から転職し障害児者支援の領域で働く人々が増加している。新卒者にあっても必ずしも福祉や教育を専攻した人々ばかりが障害児者支援の仕事をめざすわけではない。したがって，障害児者支援の理念や支援における基本的事柄を実践しながら学ぶ必要性が高まっている。一方，支援現場では貧困や児童虐待をはじめとした逆境的体験を抱えた障害がある利用者が増えており，これまでの障害児者支援の視点だけでは対応困難な課題も散見されている。本章では，そのような支援者側の事情と利用者側の背景の変化を踏まえつつ，支援職の学びを再考し実践での学びについていくつかの提案を試みる。

第1節　学びへの動機

　トラウマ（trauma）に関する研究で知られる精神科医ヴァン・デア・コーク［van der Kolk, 2016］が興味深いことを書いている。「赤ん坊と母親の間の重要な関係を調べる科学的研究を始めたのは，幼いころに家族から引き離されて全寮制の学校へ送り込まれ，同性だけの，厳重に統制された環境で育てられた，上流階級のイギリス人男性だった」。この男性たちが，ボウルビィ，ビオン，ガントリップ，フェアバーン，ウィニコットで，いずれもアタッチメント（attachment）理論や対象関係論の代表的研究者となる人々ばかりである。児童期の体験が長じてからも影響を及ぼすことを教えてくれるエピソードといえるだろう。

　障害児者支援の実践現場で働く人々も，それぞれの思いや願いがあって，あるいはこれら研究者たちのように自らの育ちを辿るような意識，無意識の動機があいまって現在の仕事を選んだのかもしれない。はじめて障害児者支援の仕事についてみると，サービスを利用している障害がある方々のさまざまな障害の状態あるいは子どもたちの発達のペースに戸惑うこともあるのではないだろうか。多様な境遇にある障害がある人々，障害がある子どもたちを目の当たりにして「自分に何ができるか」と思案を繰り返す。ますます学ばなければと思いながらも，日々の仕事に追われ，時間が足りないという支援職の嘆きを時折聞く。そこで，支援職が実践しながら，どのようにしたら障害がある人々また子どもたちの支援にとって役立つ学びができるのかを本章では考えてみたい。

　なお，ここでは主に障害がある「子ども」たちを対象とした記述となっている箇所があるが，児童期から成人期にわたる障害がある人の支援にかかわる人またその学習を始める人々にも関連する内容を心がけた。

1. 障害児者支援における学び

　2019 年末からの世界は新型コロナウィルスの感染拡大により大きく変化した。障害児者支援の支援職は「エッセンシャルワーカー」として，防護服を着用しての看病，施設内の消毒，動線確保，ワクチンをはじめとした医療の手配など，これまでに経験したことのない事態に直面した。

　この領域の支援職は障害がある人たちの人権にかかわる社会的課題への取り組みから，あらゆる生活上のニーズへの援助，またそのご家族への支援を常に行ってきた。近年の人手不足は現場支援のハードさに追い打ちをかけているとも聞く。

　支援職はサービス利用者（以下，利用者）の方々の基本的人権を尊重することを第一とし，障害がある子どもの最善の利益を追求する。利用者すべての安全と安心を保障し，衣食住のケアをし，日中活動を見守り，就学・就労を援助する。こころとからだのケアは日々の仕事の基本であろう。それらの仕事を通じて利用者と支援職が相互に影響し合い，お互いに成長しあう。それを実践叩

能とするために必要な知識や経験を蓄えること。これが筆者の考える障害児者支援を生業とする人々とっての学びのイメージであった。しかし，社会は常に変化する。障害児者支援において求められる学びも社会情勢に呼応して変化しつつある。

2.　いま求められる学び

1)　障害児者支援におけるもうひとつの視点

　令和 2 (2020) 年に厚生労働省が発表した「障害児入所施設の在り方に関する検討会」の最終報告では，入所児童に被虐待児が増加していることから，被虐待児に対する支援力の強化が打ち出されている。筆者がコンサルテーションなどで出会うケースにおいても，障害児入所施設の児童にみられる変化として，被虐待児の増加，知的障害の軽度化，外国にルーツをもつ子どもの増加といった傾向はみられており，すでに支援の現場では以前からその対応が迫られていたと思われる。

　虐待を受けたり，養育放棄されたりした障害がある子どもたちはかねてより障害児入所施設で暮らしてはいた。しかし，こういった子どもたちへの支援を強化するという視点がさらに打ち出された背景には，急激に被虐待児が増加している実態とともに，虐待により心身に影響を受ける子どもたちの問題が表面化したこと，すなわち「トラウマ」が引き起こすさまざまな症状に対する認識が高まったこともあるだろう。

　「トラウマ」とは，「心理的に大きな打撃を与え，その影響がいつまでも残るようなショックや体験」(大辞泉) をいう。トラウマ体験としては，戦争・紛争体験，自然災害，暴力犯罪，事故，児童虐待，性暴力，ドメスティックバイオレンス (Domestic Violence，以下，DV)，過酷ないじめなどがあげられている [宮地，2013]。日本語ではトラウマを「心的外傷」あるいは「こころのケガ」と言うこともある。近年では一般社会でも広く使われている言葉ではあるが，障害児者支援の現場では「トラウマ」の問題について研修などで積極的に取り上げられるにはいささか時間がかかったように思う。現在も自閉スペク

トラム症（Autistic Spectrum Disorder，以下，ASD）や行動障害あるいは権利擁護や福祉支援制度などに比べると，トラウマの問題が直接的な研修テーマとして取り上げられる機会は多くはない。しかし，これは日本だけの問題ではないようである。英国においても，子ども時代に過酷な境遇に育ち，トラウマ体験がある知的障害がある人々がいることを，知的障害者にかかわる専門家やサービス提供者が認めるのには時間がかかったという［Beail et al., 2021］。

筆者がトラウマという視点の重要性に気づかされた事例がある。9歳になるAさんは軽度の知的障害があった。身辺自立しているにもかかわらず，365日頭から足まで全身がびっしょり濡れるほどの夜尿が長く続いていた。担当スタッフは「夜尿」について「知的障害児特有のもの」と見立てていたが，Aさんについて気がかりだったのは逆境体験であった。実父は行方不明。母親は精神疾患の治療中で出産直後にAさんを置いて無断で退院してしまったという。Aさんは産まれて間もなく両親を失うという大きな喪失を体験し一度も家族と暮らしたことがないまま施設で生活をしていた。こうした生育史の一端を知ると，はたして知的障害がある子どもだからという理由ですべての症状や行動を理解してよいのかと疑問が生じる。後述する「トラウマのレンズ」を通してみていたら，スタッフの見立ても異なっていたのかもしれない。Aさんの心身の健康，発達を促す支援にあっては，育ちの歴史となる生育史を丁寧に読み，問題や症状の背景をさまざまな視点から理解する必要があるのではないか。そう考えさせられた事例であった。

2) 逆境にある子どもたち

Aさんのように，厳しい環境のもとで生まれる子どもたちがいる。母親がDVから逃れ知人宅の風呂場で出産した子ども，薬物依存症がある若年の母親から生まれた子どもなど，生後間もなくから過酷な状況におかれた障害がある子どもたちが福祉的支援を受けている。こういった子どもの状況は逆境的小児期体験（Adversity Childhood Experiences，以下，ACE）と呼ばれている。

ACEとは，生後18年の間に，親や成人の家族から心理的虐待，身体的虐待，性的虐待を受けた，家庭内に薬物やアルコール依存症，うつ病など精神疾患の

人がいた，自殺（企図を含む）をした人がいた，母親（父親）が父親（母親）
から暴力受けた，服役中の人がいた，両親が別居や離婚をしたといった体験が
あることをいう［Felitti et al., 1998; ヘイズ＝グルードとモリス, 2022］。さら
に，いじめ，差別，貧困，地域での暴力を ACE に加える研究者もいる
［Bartlett & Sacks, 2019］。小児期に複数の ACE が重なると，子どもたちの発
達に影響を及ぼし，学習面，行動面で問題を抱えることが多くなる［ヴァン・
デア・コーク, 2016］。しかも，大人になってからは，がんや心疾患，肺や肝
臓などの病にかかるリスクが高くなることもわかっている［Felitti et al.,
1998］。

3) 障害がある子どもと ACE およびトラウマの問題

　日本における障害がある子どもと ACE の関連を示す統計上の数字は不明だ
が，英米の研究では，ASD の子どもたちは，ASD ではない子どもたちより
ACE の体験が多いあるいは逆境体験にさらされている可能性が高いという報
告がある［Berg et al., 2016; Heselton, 2021］。成人知的障害者に関する研究で
も同様に ACE を経験している人が多いことも指摘されている［Frankish,
2019］。

　厚生労働省が児童虐待における子ども側のハイリスク要因に障害児をあげて
いるように，障害がある子どもの虐待リスクが高いことも知られていることで
ある。また，近年は発達障害とトラウマの関係が注目されており，発達障害が
トラウマを受けやすい障害であると指摘されている［杉山, 2016］。トラウマ
と発達障害が混在している子どもの場合は問題が多様化・複雑化し，支援者が
対応に困難をきたすともいう［小野, 2021］。

　支援の現場では，虐待や養育困難で，里親に預けられても，発達障害を理由
に里親が幾度も変わったり，入所後知的障害と診断されて児童養護施設から障
害児入所施設へと措置変更されたりするケースがある。従って，養育者が変更
したり，住む場所を転々としたりするなど，生活の基盤が定まらない，不安定
な児童期を過ごす障害がある子どもたちもいる。

　他方，不適切な養育によって引き起こされる愛着障害にあっては，症状，行

動特性にのみ着目すると，発達障害との見極めが難しいという［岡田，2012］。米国精神医学会による精神障害の診断と統計マニュアル第5版（*Diagnostic and Statistical Manual of Mental Disorders*, 5th ed.）では，反応性愛着障害が過去のネグレクト体験を診断項目としていることにも注目しておきたい。

　最近では，一部の特別支援学校がトラウマインフォームドケア（Trauma Informed Care，以下，TIC）に取り組んでいるという［野坂，2020］。TIC はトラウマを頭の片隅においてかかわることをいう。TIC をわかりやすくイメージするために「トラウマのメガネをかける」「トラウマのレンズを通して」などと表現されることもある。複数の ACE をかかえる子どもたちについては，表面に現れる行動上の問題だけに目を奪われるのではなく，トラウマインフォームドな視点で，子どもたちからのさまざまなサインを見逃さない目くばりが必要といえよう。

4）トラウマへの福祉的支援

　障害児入所施設での被虐待児の増加が示すように，障害児者が暮らす入所支援施設には小児期の逆境体験やトラウマ体験をもつ利用者（子ども）が少なからず入所している。障害がある子どものトラウマに対する支援にあっては，生活と結びついた支援が重要であるという指摘［小野，2021］もあり，日常的な生活の支援がトラウマからの回復に一定の役割を果たしてきていると思われる。実際，ひどい虐待にあった利用者（子ども）が日常生活を支援する施設で，徐々に落ち着きを取り戻す事例は少なくない。その要因はどこにあるのだろうか。そのような問いを立て，考察することも支援の場においては重要な学びとなるだろう。とはいえ，福祉的支援の現場では，基礎研究のように，利用者（子ども）に影響を及ぼす要因を取り出すのは困難である。またそのような場でもない。しかし，何が利用者（子ども）を ACE やトラウマといった体験から回復させるのかを，福祉的支援の実践現場から整理・検討をすることは必要であろう。

　トラウマに対する治療は精神科医師や心理士が中心となって行われることが多いが，今後の障害児者支援にあっては，医師，心理士，ケースワーカーなど

の専門職と福祉支援職が連携してのトラウマに考慮した支援が望まれるところである。

　以上，概観してきたように，障害児者支援において ACE およびトラウマのへの対応は重要な課題であり，支援職にとっては学ぶべきテーマとなっていると考えられる。この点を念頭におきながら，次節以降では，実践現場での具体的な学びについて考えたい。

第2節　実践における学び

1.　実践と学び

　ここ 10 年ほど障害児者支援施設での研修に携わってきたことから，障害児者支援の実践において学びとは何か。ひいては大人の学びとは何かを考えつづけてきた。しかしながら，力不足もあり，表面をかき回しているだけで本質的な議論にはたどり着けてはいない。

　障害児者支援施設では，各自治体主催による，あるいは各事業所独自に，研修の機会はさまざま用意されている。権利擁護に関する問題，相談支援技術から自己啓発的な学びまで多くのメニューがある。しかし，障害児者支援の実践における「学びとはなにか」について真正面から議論される機会は案外に少なかったようにも思われる。

　そもそも「学びとは何か」。これを紐解くのは筆者の任にはないのであるが，教育学者である佐藤は「学びとは，対象世界との出会いと対話であり，他者との出会いと対話であり，自己との対話と出会いである」とし，学びの伝統には二通りあると述べている［佐藤，1999］。ひとつは「修養としての学び」，もうひとつは「対話としての学び」である。

　「修養としての学び」の伝統とは，中世の修道院にモデルがあり，瞑想と読書を中心とする学びで，「自己の完成を追求する行為」だった。そして「知識によって外界や他者を支配するのではなく，自分自身という内側の世界の欠落部分を治癒し豊穣にする。修行としての学びであり，癒しとしての学び」が

「修養としての学び」[佐藤，1999] である。

　一方，「対話としての学び」の伝統は，ソクラテス（Socrates）を起点とし
デューイ（Dewey, J.），ヴィゴツキー（Vygotsky, L. S.）の教育論に通じるもの
ので，「他者とのコミュニケーション行為を通して対象の意味を探求する行為」
である。「対話としての学び」は「人々のなかで共有し享受して知識を公共性
に開かれたものにするところに成立する学びであり，コミュニケーションを通
して文化の公共圏に参加する営み」[佐藤，1999] と定義されている。

　佐藤によるこの2つの学びは障害児者支援の現場での学びを考えるにあたっ
て示唆的である。OJT（on the job training），外部講師によるレクチャー，
スーパーバイザー（supervisor）を招いての事例検討会は，障害児者支援の研
修としては定番であり，それらは「対話としての学び」の伝統を受け継いでい
ると思われる。一方で，「修養としての学び」は現代においては自学に近く，
実践現場では目に見える形で行われることこそ少ないとはいえ，実践を支える
重要な学びと考えられる。

　次の項では，佐藤のいう2つの学びを参考にしながら，障害児者支援の現場
で行われている学びについて具体的にみていくことにする。

2．事例検討会

1）対話を通しての学びの場

　ここでは，実践における支援職の学びとして事例検討会を取り上げる。事例
検討会は，支援している事例について詳細に検討，協議するという実践の面と，
事例から学ぶという学びの側面とを併せ持っている。すなわち実践の中に学び
があり，学びの中に実践があるという支援現場の特性をよく表している場とい
える。さらにいえば，暗黙知や実践知といわれる知識が実践そのものの中に含
まれている。そのため，どこからが学びでどこからが実践なのかを切り分けら
れない部分がある。支援職の一部に根強くある「理論より実践」という考えや，
人材育成でのOJT重視の姿勢は，この暗黙知，実践知に起因すると思われる。

　ところで，先に断っておきたいのだが，ここで述べる内容は事例研究なので

はないか。あるいはカンファレンス（conference）ではないかと思われるかも
しれない。事例検討会という言葉を用いるのは，事例研究の「研究」という言
葉に抵抗感をもつ人が支援の現場には少なからずおられるということ。ケース
（case）あるいはケア（care）カンファレンスと呼ばないのは，ここでいう事
例検討は，支援計画を練るとか，具体的な対応策を考えるという意味ではない
ことにある。臨床心理学者の山本は，カンファレンスは進行形の援助をリアル
タイムに報告するものであるのに対して，事例検討会にはタイムラグがあり，
援助経過を振り返って協議するものとしている。そのうえで，事例検討会は
「レジュメや関連資料を準備して，いろいろな方向から光を当てて，参加者全
員で事例の本質を読み解いていく。複数の参加者による多声的な検討」と述べ
る［山本，2018］。

　そこで，本章では，事例検討会を，①佐藤のいう「対話としての学び」の場
であり，②山本がいう「事例の本質を読み解く，複数の参加者による多声的な
検討」の場で，学びと実践が同時進行的に展開している場，と考える。この意
味において，事例検討会を成立させるには，複数の参加者のもとで事例を報告
し質問しあいコメントしあうプロセスそのものが重要であるということになろ
う。往々にして事例検討会では事例報告者以外の参加者は発言を控える傾向が
あり「伴奏」のようになってしまう。「多声的」というのは全員が対等に発言
することを強調する。事例との対話，参加者同士の対話，自己との対話がそこ
では行われる。多声的，重層的な「対話としての学び」の場が事例検討会であ
ると，参加者が意識する。そのことがまずは重要であろう。

　なお，事例検討会の形式には，定期的に行われるケース会議的なもの，スー
パーバイザーを招いての研修色の濃い形式のもの，精神分析の影響が強いワー
ク・ディスカッション（work discussion）などがある。ワーク・ディスカッ
ションは支援職のバーンアウト（burn out）を防ぐグループワーク（group
work）の要素が強いが，その目的は，観察力や感受性，経験から学ぶ能力な
どを向上させることにもある［ラスティンとブラッドリー，2015］。通常の事
例検討会とはいささか形式は異なるが，学びという点では共通点がある。

2) 事例から学ぶ / 生育史の問い直し

　事例検討会では一般に，①生育史の理解，②その子その人の人となりの理解，③課題の整理④援助経過の振り返り，といった点が検討される。事例検討会に持ち込まれるケースのほとんどは困難事例である。問題はすでに複雑化しており，事例となっている利用者（子ども）はその複雑さに飲み込まれたり，埋もれたりしている。その複雑化した「課題」を，参加者同士が対話することで読み解き，「問題」を解きほぐす試みが「検討」といえよう。この検討の過程では生育史をどう読むかが重要なポイントになると考えられる。

　筆者はこれまで知的障害や ASD のある方々が利用する地域作業所，グループホーム，通所および入所支援施設，障害児入所施設の事例検討会に参加してきた。しかし，生育史についてはたいてい資料が通り一遍に読み上げられ，時系列的にレビューされ終わる。生育史を深く読む作業が案外になされてこなかった感がある。児童養護施設などでは以前より「生い立ちの整理」や「ライフストーリーワーク」と呼ばれる，生育史を丁寧に当事者と整理する取り組みがなされている。

　障害児者支援においても，生育史を辿ることは重要である。生育史は事例の育ちの歴史，家族の歴史であり，過去と現在をつなぎ，すでに語られてきた物語といまだ語られていない物語とをつなぐ重要なテキストである。そしてACE やトラウマ体験を確認するうえでも欠かせない資料である。学びの視点から言えば，一人一人の生育史を丁寧に読むことで学べることは豊富にある。

　そこで，事例検討会で学ぶこととして，とくに生育史に焦点をあてることにし，生育史を読む視点として，筆者がこれまで学んだこと，経験から言えることを述べてみたい。

　(1) 回顧的観点で過去を想像する

　これは，アタッチメントの研究者である工藤による「回顧的観点による問題の理解」[工藤，2020] に基づく視点である。工藤による「回顧的観点による問題の理解」とは，生じている問題に関する「過去の想像」「原因の想像」「交流の理解」の3つからなる。生育史の読み方としては，回顧的観点の「過去の

像」から学ぶことが多い。工藤は「一般に，回顧的，といえば，ある特徴を
もつ人物が，過去にどのような経験をしてきたか，を捉えることをいう」が，
たとえば「過去の親子関係についての報告が事実であるかは確実ではなく，そ
れらはむしろ過去についての現在の理解である」と述べている。従って，「過
去の想像」とは「現在から過去を見通す視点であり，また現在に向けて展開し
てくる過去を想像すること」になる。

　また，精神科医の滝川は「発達論は揣摩の部分を避けられない」と述べてい
る［滝川，2017］。『大辞泉』によると「揣摩」とは「他人の気持ちなどを推し
量ること」という意味であるから，発達論においては，推量せざるを得ない部
分があるという指摘である。生育史を読むときも，主観を通して過去を想像せ
ざるをえない部分がある。事例についての「揣摩」を「事実」で埋めるには，
丁寧なケースワークと情報収集が必要となる*1。しかし，これにも限界がある。
家族には，他者からは踏み込めない領域や歴史がある。辿り切れない過去もあ
る。当事者たちすら（だからこそ）思い出せない過去もある。いまある資料か
ら過去を想像し，いまだ語られてない物語を読み解くには，工藤のいう「回顧
的観点」での「過去の想像」という視点が重要になる。さらに，その想像を単
なる揣摩憶測にしないためには「訓練された主観」［エリクソン，2016］が支
援職には求められる。「訓練された主観」は対人援助全般で重要な（あえてい
えば）スキルである。事例検討会やOJTなど，さまざまな機会を通じて身に
つけたい。

　(2)　事例となっている人の立ち位置から問い直す

　生育史に書かれている（判明している）事実を時系列に確認しただけでは，
育ちの歴史の本質に近づけない。事例にかかわる問題が複雑にからみあってい
る場合，背景にACEの体験がみられることが多い。従って，支援職としての
視点だけではなく，事例から学ぶという意味において，事例となっている利用
者（子ども）の立ち位置で生育史を問い直す視点も大事であろう。生育史は利
用者（子ども）自身の歴史であり，物語で言えば，主人公は利用者（子ども）
である。専門職が書いた資料を読んで終わらすのではなく，主人公である利用

者（子ども）の視点で「その出来事は本人にとってどのような体験であったのか」「いま本人はその経験をどのように受け止めているだろうか」を問い直してみたい。事例の立ち位置から過去を問い直すことで，現在の状況や問題をとらえなおし，未来を共に考える方向へとつなげたい。

(3)「トラウマのレンズ」に通してみる

障害がある子どもたちが暮らす施設の事例検討会に参加してみると，腹痛や頭痛，夜尿，偏食，起床時の不調といった身体面の問題，自己肯定感が低い反面弱い人には尊大な態度をとる，すぐにキレる，多動である，特定の職員に過度にべたべたする，嘘をつくなどの行動面あるいは心理的な問題が報告されることが多い。これらを知的障害あるいは ASD に伴うものととらえるだけでは理解が及ばない事例が増えている印象がある。身体症状についてはまずは医師と相談することが重要だが，同時に ACE やトラウマについての知識があれば「トラウマのレンズ」を使い，症状や「問題行動」には何かしらの背景や理由があるのではないかと考えることができる。トラウマという視点を強調すると「偏見につながるのではないか」「新たな病理を作るのか」という疑問も生じるかもしれないが，事例検討会において参加者同士の多声的な対話が行えれば，偏った見方に陥る可能性を減らすことができるであろう。「トラウマのレンズ」を用いるときは，利用者（子ども）の行動や症状の背景にある逆境体験に伴うさまざまな感情，孤独，喪失を理解するためのレンズとしたい。

3) 協働する事例検討会へ

実践における学びという面から事例検討会について述べてきたが，翻って，事例検討会は，事例となっているその子その人の全体像についての理解を深めることが大きな目的である。何のためにその子その人を理解するのかを参加者でしっかり共有しておきたい。事例を検討している間にこのことが置き去りにされ，参加者間でテーマがずれてくるということがないだろうか。そのときどきの検討課題はさまざまであろうとも，事例を理解するということが柱である。そして，事例検討会をその子その人の主体性を支える援助へとつなげたいものである。支援において，事例となっている利用者の主体性を尊重するとはどう

いうことか。障害がある子どもたちが，逆境的体験により自分の価値や自分にとって大切なものを見失い，主体性を失っているときには，それらを回復するために何をどう支援するかを考えてみたい場が事例検討会でもある。

　先に，生育史を利用者（子ども）の立ち位置から問い直す大切さについて述べたが，事例検討会に参加する支援職側の立ち位置も重要である。そこで，ここでは「理解ある同伴者（appreciative ally）」という言葉を紹介してみたい。

　「理解ある同伴者」とは，ナラティブ・セラピスト（narrative therapist）の言葉で，クライエント（client）とカウンセラー（counselor）が同盟関係にあり，カウンセラーがクライエントと同じ側にいると感じられるスタンスをいう[パレ，2021]。支援職が事例と同じ側に立つことによる協働的，応答的行為は，支援職が普段から行っていることでもあるだろう。支援の場同様に事例検討会においても事例と協働する同伴者として，事例となっている人々と同じ平面で考える姿勢で臨みたい。

4）事例検討を普遍的な学びに

　事例検討会では，子どもの問題探しに偏ったり，スーパーバイザーからの厳しい質問やコメントばかりが飛びかったり，極端な例としては，支援職同士の対立になりかねない場合もある。事例検討会においては，利用者（子ども）の主体性を支える，利用者（子ども）が負った傷から回復するために，利用者（子ども）が現在置かれている状況や立ち位置を知る，良き同伴者，理解者でありたいものである。支援職ひとりひとりが「理解ある同伴者」という姿勢で対話に臨めば，その子その人の主体性を中心とした事例検討会となるのではないだろうか。

　「最も個人的なことは最も普遍的なことである」[ロジャース，2005]と言われる。事例検討会は「最も個人的なこと」を取り扱う。だからこそ「普遍的なこと」について学べる場であるともいえよう。

3．日常のなかでの学び

　障害児者支援の現場で働いてみると，職員集団の中に，職人技としかいいよ

うがない高い技術をもった人や，優れた洞察力をもった人物に出会うことがある。どこの社会にあっても，力量の差があるのはいかんともしがたい事実だが，「どうしたらああなれるのか」と悩んだり羨んだりする。障害児者支援の仕事は「経験」がものをいうことの多い領域であるから，知識だけでは通用しないことがある。本を読んだからどうにかなるとはいえない実践の仕事がほとんどを占める。経験にくわえて直感的な洞察力を獲得しているスタッフにはなかなか追いつけないと思ってしまう。職人芸的技にたどり着けないとしても，日々の工夫や少しの積み重ねによる向上の道は残されているはずである。そこで，日常的に行える学び，通常業務を学びと結びつける方法について考えてみたい。

1）読むこと／書くこと

事例検討会の項で書いたように，生育史を知り，その子その人の背景にあるものに思いをはせる。表に出ている情報だけではなく，その人の語られていない歴史を知る姿勢，そして「訓練された主観」の醸成が支援職には求められる。このような姿勢は，実践を通じて職員集団・組織の中でOJTなどにより培われるものも多いが，読むことと書くことを地道に続けて身につくものもあると思われる。

読むことと書くことは，実践現場で学びとして目に見える形で行われることは少ない。しかし，読むこと，書くことといったベーシックな学びがあってこそ，事例検討会やOJTでの学びがさらに活かされるものとなり，ひいては，それが実践を支えるといってもよいのではないだろうか。そこで，実践現場での自学として，読むこと，書くことを中心に具体的に考えてみたい。

読むことによる学びというと，専門書による読書を真っ先に思い浮かべるであろう。確かに本書のような入門的テキストを手に取るのが最も学びと直結する。しかし，ここではあえて実践の場にこだわって，読むこと／書くことについて考えてみたい。実践の場では，日々ケースごとの記録や連絡帳あるいはメモまた業務日誌などを書いているはずである。書いたものは日常的にあたりまえのように読み返しているであろう。この読み返す作業が実は重要な学びとなると考える。これら記録は，利用者の成長や変化の記録そのものである。同時

に，支援職が実際に仕事で体験していることを綴ったものでもある。折に触れてそれらの記録や日誌を読み返すと，利用者の変化を知り，支援を客観視できる。思いがけぬ気づきを得たり，支援職としての自らの立ち位置を確認したりすることにもなる。

　こういった日々の記録を読み書きする基本的な通常業務を学びとするために，ケースレポートを書くことを勧めたい*2。誰からも要請されなくとも，業務ではなくても，できれば，日々の記録を1年に1度はケースごとにレポートとしてまとめる。その際記録をまとめるだけではなく，ケースについての考察を必ず付け加える。考察を書くことで，日常的な記録のまとめがケースについて総合的に考える行為となる。書き上げたケースレポートを職員同士で読みあい意見交換をしたり，他の関連する文献を探し出し，それらと比較したりすると，さらに考察は深まるだろう。

　支援という実践では，暗黙知，実践知と呼ばれるような形にできない知識，経験を伝達する必要がある。ケースの記録をケースレポートにまとめ，積み上げることは，支援職が交替しても共有できる財産となる。ひとつの事業所で長年支援している事例に関しては5年，10年といった単位でその人のヒストリーをレポートとしてまとめることもできる。

　こういった記録からケースレポートを生み出す学びは「修養としての学び」であり自学であるが，ケースレポートを他者と共有する行為は，佐藤のいう「人々のなかで共有し享受して知識を公共性に開かれたもの」にする「対話としての学び」につながる。レポートを知識と経験の伝達として共有することで，より実践に役立つ生きたテキストにもなるだろう。さらには，事例検討会の項で述べた「訓練された主観」の醸成にもつながる学びになると思われる。

2) 調べる技術

　直面する問題を考えるときには調べることが武器になるという［宮内ら，2021］。知識として足りない点を自分で調べ考えてみることは，佐藤のいう「修養としての学び」とも通じるものである。不足している知識を補い，知識を豊かにするのが調べる技術である。このことが自然に行えるようになれば，

実践においても，複雑化している事例の見立てにも役立ち，自らの引き出しも増える。事例検討会での報告においても，ケースレポートをまとめるにあたっても，調べる作業は必要になる。そこで，日常的にできる「調べる技術」を宮内らの文献を参考にしながら，いくつか紹介する。

（1）ウェブサイトの活用

　読みやすく有用な情報を提供するウェブサイトの活用は手軽な調べる技術であろう。デジタルネイティブのZ世代には苦にならない作業のはずである。役立つサイトとしては，厚生労働省のe‐ヘルスネット（https://www.e-healthnet. mhlw.go.jp/）は支援職としてデビューしてからも必要な知識の補充に役立つ情報が豊富にあり，かつ簡潔で読みやすい。生活習慣病予防，健康寿命，飲酒，喫煙といった健康管理に必要な情報，「こころの健康」という項目では，知的障害，ASDや精神疾患に関する解説が掲載されている。健康用語辞典もついており，辞書のような使い方もできる。専門的な文献を調べたい場合はGoogle Scholar（https://scholar.google.com/）やJ‐STAGE（https://www. jstage.jst.go.jp/）といった論文検索サイトが役立つ。ASD，知的障害，愛着障害，行動障害などに関するさまざまなかつ最新の論文が閲覧できる。動画サイトも情報が豊富である。たとえばASDのカタトニア（catatonia）とはどういうものかを知りたい場合，動画サイトで検索すれば，海外の豊富な事例から動画で動作を確認することができる。発達や障害に関する講義の動画も数多くアップされている。

（2）図書館と辞書の活用

　ネットで公開されている文献以外では，地域の図書館，国立国会図書館を利用する。文献によっては国会図書館にしか所蔵がないものもある。国会図書館サーチ（https://iss.ndl.go.jp/）でキーワードを検索し，ヒットした論文や書籍をあたる。読みたいものがみつかったら，国会図書館に個人登録をすれば，資料をコピーして郵送をしてもらえる（実費負担あり）。多忙な人にとってはオンラインで取り寄せできるサービスはたいへん便利である。

　調べる作業においては，辞書（電子辞書でもよい）も活用するとよいだろう。

基本的な用語や概念の確認は大辞泉や広辞苑などからあたるようにすると，知っていた言葉でも使い方を間違えていたということを発見したりする。言葉の成り立ち，本来の使い方が確認できる。

3) 学びを一歩進める／学び直す機会を作る

（1）グループ学習

　事例検討会を行い，自分で調べる技術を身に着けながら，さらに「学び」を発展させるために，あるいは学んできたけれどももう一度学び直したいという支援職には，自主的なグループ学習を提案したい。グループ学習では，テーマを決めて，1年くらい取り組むと，みんなで学ぶ楽しさも体験できる。1冊の本を読書会として対話をしながら読み進めるのも有意義である。コロナ禍以降，リモートでの会議が増えたが，リモートの利点は忙しい人々も，移動の時間を省き，学びの空間に飛び込めることである。グループができたら，外部から講師を招いてみるのもよい。異なる視点や考え方を知ることができ，事業所の風通しもよくするはずである。

（2）学び直しへの提案

　他業種から転職されてきた方あるいは学生時代に障害児者支援とは関連のない学部を卒業した方々で学び直しを考えている方には，カウンセリング（counseling）の学習を勧めたい。障害児者支援の現場ではカウンセリングという言葉を聞く機会が少なくなった。おそらく臨床心理士が多く雇用されるようになり，分業が進んだからだろう。現場での経験を重ねると，応答する力が自然と身につくことがあり，この手の学習は必要ないと決め込んでいるベテラン支援職もいる。だが，経験のある人こそ，学んでほしいのがカウンセリングでもある。当事者中心，人間尊重ということが普通に語られる時代となったが，カウンセリングの礎を築いたといわれるカール・ロジャーズ（Rogers, C.R.）は人間中心のアプローチ（person centered approach）について理論化していた。その具体的な技法としてカウンセリングの学習がある。傾聴する力，応答する力，共感的理解が大切であると福祉的支援でも強調される。これを具体化し体系的に学べるのがカウンセリングである。

　援助している利用者の年齢を問わずジェノグラム（genogram）の学習も勧めたいことである。ジェノグラムとは3世代以上の家族メンバーを盛り込んだ家族関係図である［中釜ら，2019］。相談支援のアセスメントシートに記入欄があるほど普及はしているが，三世代にわたっての家族関係を聴き取り，関係図を書くというのは，初任者にとっては容易な作業ではない。ジェノグラムの学習としては，マクゴールドリック著／渋沢田鶴子監訳による『ジェノグラム：家族のアセスメントと介入』（金剛出版）などを参考に実際に書き出してみるとよいだろう。

おわりに──実践と学びは車の両輪

　「実践と切り離された洞察は，結局無効である」［フロム，1977］という。この言葉を支援職にとっての学びに置き換えれば，実践から切り離された学びは無効である。また，学びと切り離された実践は支援者自身の振り返りや新たな気づきが得られなかったり，支援の在り方についての進歩や発展が望めなかったりということが起こりかねない。実践と学びは車の両輪といえるかもしれない。

　障害がありなおかつ ACE やトラウマといった過酷な体験をした利用者（子ども）の方々の支援にあっては，実践と学びの両輪をもって取り組むことが期待される。

＊注──補遺：今後の学びのために

1．生育史に関しては，生育歴として書式を定めている事業所もあり，相談支援のアセスメントシートなども充実していることから，書き方については本文で触れなかった。生育史（生育歴）の聴き取りから学びたい方には次の文献を勧めたい。
　　○スーザン・ルーカス著／小林茂監訳『ソーシャルワーカー・心理師必携対人援助職のためのアセスメント入門講義』金剛出版
2．ケースレポート（事例研究）の書き方については多くの文献がでている。本章では次の文献を紹介しておく。

○東畑開人著『日本のありふれた心理療法ローカルな日常臨床のための心理学と
医療人類学』誠信書房

〔文献〕

Bartlett, J. D., & Sacks, V.　2019　Adverse childhood experiences are different than child trauma, and it's critial to understand why. Child Trends.

Beail, N., Frankish, P., & Skelly, A.　2021　*Trauma and intellectual disability : Acknowledgement, identification & intervention.* Pavilion Publishing and Media Ltd.

Berg, K. L., Shiu, C. S., Acharya, K., Stolbach, B.C.,& Msall, M. E.　2016　Disparities in adversity among children with autism spectrum disorder : A population-based study. *Developmental medicine & child neurology.* Published online 2nd June 2016.

Erikson, E. H.　1971　*Insight and responsibility : Lectures on the ethical implications of psychoanalytic insight.* W. W. Norton & Company〔鑢　幹八郎（訳）　2016　洞察と責任―精神分析の臨床と倫理―（改訳版）誠信書房

Felitti, V. J., Anda, R. F. et al.　1998　Relationship of childhood abuse and household dysfunction to many of the leading causes of death in adults. The adverse childhood experiences（ACE）study. *American Journal of Preventive Medicine,* 14, 245-258.

Frankish, P.　2019　Trauma-informed care in intellectual disability. A self-study guide for health and social care support stuff. Pavilion Publishing and Media Ltd.

Fromm, E.　1976　*To have or to be ?* Harper & Row, Publishers, Inc.〔佐野哲郎（訳）1977　生きるということ　紀伊国屋書店〕

Hayes=Grudo, J., & Morris, A. S.　2020　*Adverse and protective childhood experiences : A developmental perspective.* American Psychological Association（APA）〔菅原ますみ・榊原洋一・舟橋敬一・相澤　仁・加藤曜子（監訳）2022　小児期の逆境体験と保護的体験.　明石書店〕

Heselton, G. A.　2021　Childhood adversity,resilience,and autism : A critical review of the literature. Disability & Society. Published online : 08 Oct 2021.Routledge.

厚生労働省ホームページ https://www.mhlw.go.jp/bunya/kodomo/dv12/02.html

工藤晋平　2020　支援のための臨床的アタッチメント論：「安心感のケア」に向けて　ミネルヴァ書房

宮内泰介・上田昌文　2021　実践自分で調べる技術　岩波新書

宮地尚子　2013　トラウマ　岩波新書

中釜洋子・野末武義・布柴靖枝・武藤清子　2019　家族心理学第2版　有斐閣ブックス

野坂裕子　2020　トラウマや逆境を体験した知的障がいのある生徒への対応〜学校でできるトラウマインフォームドケア〜　大阪府立泉北高等支援学校

岡田尊司　2012　発達障害と呼ばないで　幻冬舎新書

小野真樹　2021　発達障がいとトラウマ　金子書房

Paré, D.　2013　*The collaborative counseling & psychotherapy : Developing skills in culturally mindful helping.* SAGE Publications, Inc.〔能智正博・綾城初穂（監訳）2021　協働するカウンセリングと心理療法　文化とナラティブをめぐる臨床実践テキスト　新曜社〕

Rogers, C.　1961　*On becoming a person : A therapist's view of psychotherapy.* Houghton Mifflin.〔末武康弘・保坂 亨・諸富祥彦（訳）2005　ロジャーズが語る自己実現の道　岩崎学術出版社〕

Rustin, M., & Bradley, J.　2008　*Work discussion : Learning from reflective practice in work with children and famlies.* Karnac Rights Agency.〔鈴木 誠・鵜飼奈津子（監訳）2015　ワーク・ディスカッション　心理療法の届かぬ過酷な現場で生き残る方法とその実践　岩崎学術出版社〕

佐藤 学　1999　学びへの快楽ダイアローグへ　世織書房

杉山登志郎　2016　子と親の臨床　日本評論社

滝川一廣　2017　子どものための精神医学　医学書院

van der Kolk, B.　2014　*The body keeps the score? : Brain, mind, and body in the healing of trauma.* Penguin Random House.〔柴田裕之（訳）2016　身体はトラウマを記録する　紀伊国屋書店〕

山本 力　2018　事例研究の考え方と戦略　心理臨床実践の省察的アプローチ　創元社

索　引

解説——障害児者支援の歩み——

社会福祉法人同愛会理事長　髙山和彦

　障害福祉の歴史は，障害のある人たちが幸せを求める歩みだった。幸せの形や色は同じではない。みんなの幸せがあっても一人ひとりの幸せは違う。個別的であることは絶対だ。私のほんとうの幸せの実現を求めて，障害児者は地域社会のなかを生きる。

　その軌跡は，当事者と支援者とが存在を投じた人間の物語だった。時に睦ましく，時に相対立し，時に足並みをそろえ，歌い，歩いてきた。歴史は現在と過去の対話である。現在という時は，切り離された存在としてあるわけではない。現在は過去と地続きに存在し，明日という未来は，進行している今を包み込んでいく。

　1975 年・障害者権利宣言，1980 年・国際障害者年，2001 年・障害者権利条約を国連が採択し全人類に発信した。国際障害者年のテーマ「完全参加と平等」は，前世紀における障害福祉のあり方に大きな影響を与えた。また，10年という期間を設けて障害差別の解消を図る世界的な取組は多くの成果をもたらした。国際障害者年のイベントが各地で開かれた。アメリカから「障害者自立センター」（Center of Independent Living：CIL）の当事者が多数来日した。全国各地で講演会や交流がおこなわれた。車椅子の女性は「私は私の人生を生きている。障害者は美しく素晴らしい」と，笑顔で言い切った。来日した障害障害者自立センターからやってきた当事者は輝いていた。「黒船がやってきた」が，障害当事者にとっての実感だった。

　障害者の自立生活運動（IL：Independent Living 運動）は，重度の障害があっても，自分の人生は自分で切り拓き，自立して生きることを決めた障害学生によってはじまる。人工呼吸器を使用していたエド・ロバーツが，カリフォ

ルニア大学バークレー校に入学した当時の大学構内や学生寮は，バリアだらけ
であった。彼は障害のある学生と共にバリアを一つ一つ取り除き，障害学生へ
の支援プログラム開発などに取組んだ。

　IL 運動は瞬く間に全米各地で展開されていく。実にアメリカ的だ。IL 運動
が提唱する自立生活支援サービスプログラム 3 原則は，その後の障害者自立に
係る指針となる。

　　①障害者のニーズがどのようなものか，また，そのニーズにどう応えるのか
　　　を最も知っているのは障害者自身である。
　　②障害者のニーズは，様々なサービスを用意して，総合的なプログラムに
　　　よって最も効果的に満たすことができる。
　　③障害者は，住んでいるコミュニテーのなかにできるだけ統合されるべきで
　　　ある。[障害者自立生活研究会，1986]

　CIL 運動が全米に展開されていた 1973 年，アメリカとカナダの知的障害者
が集まって本人による権利主張をしていこうという会議が開かれた。同年，米
のオレゴン州セイラムにおいて，人々が「知恵遅れ」というレッテルがどんな
に嫌かということを話し合う会議があった。参加者から「他の人にどんなふう
にしられたい？」と聞かれた当事者が，「私たちは，障害がある前に，人間だ」
と発言したことから，知的障害者の当事者運動「ピープルファースト」（People
First 以下，PF）という言葉が生まれた。

　1974 年，カナダの入所施設で生活していた知的障害のある男女が PF のグ
ループをつくって，地域での暮らしを求めていたが，彼らにはそのための助け
が必要だった。当時のカナダの施設では，分離・隔離・保護が入所の目的だっ
た。地域で暮らすための支援がほとんどなかった。

　自分のことは自分で決める。自分の思っていることを話し合う場をつくり，
「私たちの生活を決めるのは私たちです。両親ではありません」と，PF の支
部が取組まれていく。各地の PF 支部リーダーが集まり，この取組みを全州に
広げてゆき 1991 年，世界で初めての PF 全国組織が結成されることになる。

　PF の組織は当事者が主体となった自律的な活動による。支援者はあくまでも，当事者の要請によって助言をおこない，不要な介入はしない。「自己決定」が，自律的であることが民主的である活動を支えるのだ。

　本邦においては，1995 年に PF 話し合おう会が東京で開かれた。その後，全国的な広がりのなかで，2023 年 10 月 PF 全国大会第 29 回を大阪で開催する。PF 横浜は 1996 年結成された。社会福祉法人同愛会「地域生活支援センター」のグループホームで暮らす当事者 2 名が，前年カリフォルニア州サクラメントで開かれた「自立生活支援会議」に参加し，帰国後，会議で知った PF リーダー，ダニエル・メドウス氏を招聘して「元気が出るワークショップ」をてらん広場でおこなった。

　第 22 回 PF 全国大会（2016 年 9 月 21 日）は横浜で開催された。大会直前に相模原殺傷事件が起きた。津久井やまゆり園利用者 19 名の命を元施設職員が奪った。横浜の現地実行員会は，PF 大会で奪われた 19 の命の追悼と当事者によるパネルデスカッションを提起した。参加した知的障害者 1046 名が折り鶴を献花した。事件 56 日目に知的障害者が自ら企画し，実施した追悼の集いだ。

　多くの知的障害者が事件報道を受けて恐怖と不安に襲われた。事件の二日後に当事者が書いた感想を紹介したい。

　「しょうがいしゃがたくさんころされたニュースを見てしょうがいしゃはしんでいいといわれてあたまにきた。しょうがいしゃだってにんげんだから／せっかくいのちのあるにんげんとしてうまれて／しょうがいしゃはすきでうまれたわけでない／生まれたいじょう／いのちがある／しょうがいしゃだってにんげんだから／ころされるなんていやだ

　わたしはピープルファーストのなかまとはなしたほうがいいといいました。ピープルのことばしらないのでは／もっとしってもらいだい／横浜大会でピープルファーストのことをしってもらいたい

　こういうことはぜったいゆるさない／しょうがいしゃだてはたらいている／おもいしょうがいのひとだってにんげんなのだから／ころしてはいけない

おなじにんげんだ／いのちはおかあさんのおなかからうまれた／かわいかわ
いとだいじにそだてられた／ころされるためにうまれたのではない／なんの
ためにうまれたのかわからない／ピープルファーストでつくいやまゆりえん
にけんかにいきたい」

　殺される側から感じた事件の本質は，「いのち」と「こころ」に対する危機
だ。しかも，障害者は好きで生まれたわけでないとの言葉から，この方が生き
てきた58年の人生を察することができる。知的障害者には「いのち」がある。
「こころ」がある。当事者が事件を我が事として受け止め，追悼の集いで多く
のなかまが手を合わせ祈る姿に，障害福祉を切り拓きICFを実現した当事者
運動とのつながりを見た。

　ICF（国際生活機能分類：International Classification of Functioning,
Disability and Health）は，世界の障害当事者によって生み出された。国際障
害者年行動計画では，「個人の特質である機能・形態障害とそれによって引き
起こされる能力障害，そして能力障害によって生じる社会的結果としての社会
的不利の間に区別があるという事実認識を促進すべきである」と，障害概念に
階層性を提示した。この障害概念は，「国際障害分類（ICIDH：International
Classification of Impairments, Disabilities and Handicaps）」として世界保健機
関（WHO）から発表された。
　この障害概念自体は，今を生きる障害者の人生と実存的な生活を取り入れる
など画期的であった。が，障害当事者から医学的モデルではないかとの異議申
し立てがなされる。社会的不利を生じさせる前提が，障害そのものの存在にあ
ると受け止められてしまう懸念があるからだ。
　人間は多様な存在ではないのか。髪の毛の色，肌の色の違いと同じように障
害の有無は多様な人間の違いでしかない。どのような形態であろうとも，人間
の存在自体が尊重されなければならい。田村一二は「差があって別なし」「み
んな違って，みんないい」と，70年前に話されていた。人間の普遍的な在り

様から，障害とは何かを探求する世界的な取組み（運動）がはじまった。

　その運動は，障害差別を生じさせる人間社会の構造の在り方を，差別される側の立場から探求するという正当な手法によってなされた。「Nothing About us Without us」（私たちのことを私たち抜きに決めないで）を合言葉に始まった運動の結果，2001 年・国際生活機能分類（ICF）が WHO の総会で採択された。

　ICF は，その人の個性や周りの環境との関りで生じる生き難さの全体を構造としてとらえ，体系として分類し，世界に共通した指標として提示した。生活の在り方は民族や社会の在り様によって異なるが，人が生活する場（生活機能）において「心身機能・身体構造（生命レベル）」「活動（生活レベル）」「参加（人生レベル）」との三つの構成概念が，相互に作用しあって個人のとしての暮らしのありようが具体的に生じるのである。

　障害のある子どもや大人の生き難さの構造を理解し，その生き難さを形成している環境や社会のあり方を解消し，変えていくことができるのであれば，どれだけ生き易く“いのち”輝く人生を過ごすことができるだろうかと思わざるを得ない。本書は，そのような思いを抱いて障害福祉に関わっている人，関わろうとの思いを考えている人にとっての励ましとなるだろう。

　障害者権利条約と ICF とは，1945 年以降人類が到達した人権の輝かしい峰である。本書の第 1 章から第 7 章は，障害福祉の歴史が到達した峯に屹立した論考である。読者はページを括っていく都度，執筆された各人の論考の底流に共通して流れている「障害児者支援とは何か」，という手ごたえある思想を掬い上げることができることだろう。

　ケアの世界では，利用者主体・本人本位をモットーに掲げる事業所が少なくない。だが，モットーを具現化することが難しい。何故なら，「聴く」ことの力が支援者に備わっていないとモットーはスローガンで終わってしまう。利用者さんとの関わりはマシュマロのような柔和な時間ばかりではない。彼らから発せられる言葉が支援者の胸に突き刺さる。発せられた一言にたじろぎ，棘の

ような言葉に傷つきうずくまり身動きできなくなることもある。

　このような支援の場で求められることは，一語文，二語文の言葉であろうが，激しく攻撃的な冗舌の言葉であろうが，言葉を受け止め「聴くこと」，つまり他者を理解する姿勢・態度をもって関わることである。本書では，各章すべてに支援のヒントと支援者の態度形成に係る至言が布置されている。

　第1章「知的障害／発達障害と医療の関わり」も支援の手引きが山積みされている。聴くことに係る「傾聴と共感性を併せて意識する」ことの実際が展開されるとともに，自分の気持ちを言葉で表現できない人への「非言語性傾聴姿勢」を支援者が意識することの重要性などを掬い上げて学ぶことができる。

　また，「傾聴や共感を行うだけでは不十分な児童もまれではない。それぞれの日常生活の姿を尋ねながら，その改善につながる短期的で実現可能な目標を"共に探すこと"を始まりとする工夫が大切である」（26頁）と，支援に関わる実践的な示唆は，生き難さのなかにある当事者が自律的に歩き始めるための具体的な指針である。

　"共に探すこと"は，支援という場にあって，支援者が陥りやすい支援者目線の支援を排するために支援者が身につけなければならい態度だ。"共に"という関係性が生まれるためには，「大変だったね，苦しかったんだね」と共感することからはじまる。大変さにある利用者・家族を受け止めるという態度には，支援者と利用者・家族との間に情緒的な波長が生じることからはじまることを軽視してはならない。

　また，医師と患者・家族との双方向の関係つくりを大切にしながら，利用者を軸に，利用者目線で支援者や福祉資源との連携構築をすすめる取組みは，空疎な医療・教育・福祉三点セットメニューを過去のものとして，現実の生活レベルにおける定着を実感することができる。とりわけ，行動障害に対しては，困った人，訳の分からない人などの現象を個人の資質とすることなく，医療・教育・福祉の枠組みを越えて，その生きる環境を地域社会や政策レベルの課題として共に答えを求めて探す道は，現代社会が抱えている人々の生き難さの解放に向けた共通課題でもある。

　「今一度環境を整えた上で，それぞれの関わりの意識・技術の向上を意識し，一定の医療支援（薬物療法を含めて）を受けつつ，個人が地域で生活する自然さを目指すこと」（31-32 頁）が，行動障害の本来の支援目標だとある。とりわけ，地域で生活する「自然さ」という表現に共感を覚える。現代社会の病理は，あまりにも人為的で恣意的な経済・政治の仕組みによって，人間本来の生態的存在が破壊されてきたことにあると思われる。自然さを取り戻すことは復古的で懐旧的なことではない，新たな共同体の創生に係る極めて現代的な課題だ。

　また，「一定の医療支援（薬物療法を含めて）」については，第 1 章の主要部であると思う。野崎先生の薬物療法は，行動障害などの生き難さを抱えている人たちが，自分を取り戻そうとしながらも他者に対する激しい攻撃性，自己自身に向けた破壊行動等に寄り添い，共感し，時に絶望に陥るような危機に直面しながら創りあげてきた医療支援であると筆者は推察している。

　相模原殺傷事件の犯行動機は，重度障害者には心がない，存在する価値がないから安楽死が必然だとの錯認と歪んだ主張だった。だが，支援の場を生きている私たちは，障害の種類や程度に関わりなく，障害のある人の「こころ」を実感している

　「こころとはしょせん，脳という身体活動が生み出した結果にすぎません。脳が機能しないと，こころも機能しません。こころとは，うつろう影なようなもの，ファントムなのです」[神田橋條治，2006]。ファントムたるこころが，脳を含め身体を侵襲することから「病」が生じるのであれば，脳の機能を薬物治療によって回復することは，こころの機能を回復することになる。

　野崎先生の薬物治療は，利用者と医師，医師と家族・支援者との双方向の丁寧な観察と対話から生まれたと，筆者は治療例から実感している。激しい行動障害のために，保護室を出て通常の治療に乗ることの困難な利用者さんがいた。10 年余の治療をおこなうなかでたどり着いた結論的仮設が，医療（病院）がご本人の行動障害をつくっているのではないのかだった。入所施設の「福祉機能」を使って，その方の検証，環境設定と支援のあり方を大きく変えて"共に

探すこと”の展開を施設と協働して行う取組が提案された。

　ご本人は入所施設での生活を経て，グループホーム暮らしが15年以上にな
る。父を姉と共に見送り，穏やかな暮らしを営む日々を送っている。障害者を
軸とした利用者主体をおこなう医療と施設との関りから生まれた実践例である。
医療と施設（福祉）との間には，治療に関する知識，技量など越えがたい溝，
格差がある。その壁を越えていくためには，双方向の意識された連携つくりに
期待したい。

　支援現場にある支援者には，第1章第5節22頁，23頁，24頁，26頁，28
頁，29頁，30頁の薬物治療についての基礎知識を学び，医療との対話が実り
あるものとなるような連携をつくりたい。現状の支援現場から，利用者主体と
なる他機関，他業種・多業種との連携つくりは困難が多い。が，本書がそのた
めの導きになることを願う。

　2022年夏，障害者権利条約を批准した日本政府に対する審査「建設的対話」
が実施された。国連の権利委員会が批准国すべてに対して定期的に実施する審
査だった。この審査に対して，日本政府の回答は建設的な対話に対して不誠実
だった。ジュネーブで審査を見守っていた障害者及び関係団体は落胆した。回
答を受けた権利委員会は，審議結果を2名の権利委員に託した。9月，日本政
府に対して，第1条から33条まで懸念93項目，勧告92項目，留意1項目，
奨励1項目が総括所見として出された。

　勧告内容は周知の通りである。権利条約との係わりの中で，分類教育の中止，
精神科への強制入院を可能にしている法律の廃止，入院している障害者のケー
スをすべて見直し，地域で必要な精神保健支援を受けながら自立した生活を営
む整備，障害児者の施設収容の廃止，障害者が地域社会で他の人と対等に自立
して生活するための都道府県の義務付けなどである。

　本書第2章と第3章は，権利委員会勧告内容と対応するインクルーシブ教育
と入所施設支援となっている。学齢期における知的障害児・ASD児など，特
別支援教育の対象となる児童数は581,481人だという。特別支援教育は，特別

支援学級（在籍者 302,473 人）と特別支援学校（在籍者 144,823 人）で担っている。が，少子化のなかで，特別支援学校の生徒数がこの 10 年間で倍増しているという。1979 年・養護学校義務化により全ての学童児が教育の権利を獲得したが，その権利保障の内実は紆余曲折しながら現在に至っている。

　特別なニーズ教育に関する世界会議で採択された 1994 年・サマランカ声明では，学校は子どもたちの身体的・知的・情緒的・言語的もしくは他の状態と関係なく，すべての子どもたちを対象とすべきであるとインクルーシブ教育を提唱した。が，本邦では分離型の教育制度を取り入れてきた経過から，「インクルーシブ教育は未だ発展途上の段階にあると考えられる」（52 頁）実態にある。

　国連障害者権利委員会の分離教育に関する勧告に対して，文部科学省は「特別支援と普通の学校の選択は，本人と保護者の意思を最大限尊重している」と説明し，「特別支援教育は中止せず，インクルーシブ教育は進める」としている。

　本書第 2 章では，「フルインクルーシブ教育」のシステムを取り入れている地方自治体の事例が紹介されている。豊中市では 1978 年に市の条例で「インクルーシブ教育基本方針」が策定され，市の教育員会がインクルーシブな教育環境を整えて，医療ケアが必要な重度の子どもであっても学校での活動が保障されている。此処には，現代社会が強者の論理によって展開されてきた結果，悩み，傷つき，励まし合って生きることから遠い存在となっている人々が，人間を取り戻すヒントがあるように思えて感動的だ。「共生・包摂」する社会の実現は，現代社会が抱えている病理に対する処方箋ではないかと思う。

　サラマンカ声明が提唱したインクルーシブの理念は，期せずして，スウェーデンにおいては，ノーマライゼーションの理念は夢でなく，現実化課題となっていた。1994 年・「機能障害の援助とサービスに関する法律」で，特別病院と入所施設の閉鎖計画を同年末までに策定する指示が出され，1999 年末に入所施設が完全閉鎖された。前世紀末には，すべての知的障害者が地域で暮らすこ

とができる環境が整備されたのだった。

　スウェーデンでは，1985年に制定された「精神発達遅滞者等特別援護法」で入所施設の閉鎖を打ち出していた。しかし，同国のグループホームを訪問したPF大阪の仲間に，「皆さんのように街の中で暮らしてみたい」との感想を寄せたという。ノーマライゼーションの育ての親が，スウェーデンのベンクト・ニィリエだ。彼はノーマライゼーションの理念を8原則に整理し，全世界に向けて発信し，「障害を持つアメリカ人法」の制定にも影響を与えた。

　ノーマライゼーションの生みの親は，デンマークのバンク・ミケルセン。彼はナチスの強制収容所に収容されていた経験があり，戦後，帰国して社会省で体験した大型知的障害者収容施設の生活が強制収容所と重なり，障害があっても普通の市民生活を送ることができる社会の実現を目指し，「1955年法」と呼ばれる法律にノーマライゼーションという言葉を盛り込んだ。

　入所施設が根源的に抱えている分離・隔離・保護という強制収容的な制度が，津久井やまゆり園事件を生じさせたといえる。障害のある人は入所施設でどのような暮らしをしていたのだろうか。園は県立施設だった。事件の5年後，県立中井やまゆり園の実態が明らかにされた。「20時間施錠，鉄製扉，カメラで観察，共生は言葉だけ」と，地元新聞が報じた。ミケルセンが体験した収容施設の現実が，70年後の本邦において再現されていたのだ。

　1970年代以降知的障害者を300〜500人収容するという大規模施設：コロニーが各地に設置された。半世紀前に建設された施設の老朽化が課題となっている。残念なことであるが，定員削減をおこないながら大規模施設改築が実施されている。事件が起きた施設は122人規模である。神奈川県は収容定員30〜100人の施設を県内に整備する施策のもと，大規模施設は作らない方針だった。が，県立施設は施設待機者対策である量的整備をするために施設定員増をおこなってきた。

　大規模施設建設をするための敷地確保は，交通の便が悪い辺鄙な地が選ばれた。津久井やまゆり園も中井やまゆり園も同様な条件で，分類・収容・保護というシステムのなかで支援がおこなわれてきた。だが，神奈川県は相模原殺傷

事件，中井やまゆり園の虐待を二度と繰り返さない決意を込めて，2021年・当事者目線の障がい福祉実現宣言（以下，宣言）をおこない，2022年・当事者目線の障がい福祉推進条例（以下，推進条例）を公布した。

　宣言のなかで，黒岩県知事が施設設置責任者として，県立施設における虐待に対して利用者に謝罪し，「私たちは「虐待」は絶対に認めません」という強い決意を示された。この宣言は事件後に小規模施設（60人定員）として再スタートした芹が谷やまゆり園開所式の場で発信され，虐待の内容も具体的だ。「強度の行動障がいの方に対して，周りの人や自分を傷つけるから，音や光などに過敏に反応し過ぎるから，長時間，部屋に閉じ込めておく，車いすに縛り付けておく，安全安心のためにはやむをえないということで，これまではそんな支援が当たり前のように行なわれていました。しかし，それは明らかに「虐待」です」

　「時代は大きく変わり，法律も変わりました。『虐待』の定義も変わりました。それにもかかわらず，現場では同じような支援，すなわち『虐待』が続いていたのです。それは県立施設においても例外ではありませんでした。県として，障がい者のみなさんに対して，心からお詫びいたします」

　入所施設でおこなわれている支援の現実を直視し，実態を把握し，真摯にその要因を探求し，入所施設のあり方の改革に向けて取組んでこられた結果の到達が，下記の通りの入所施設の存在意義と価値を明確にしたことにある。何故，地方自治体が国に先駆けて，このような革命的ともいえる入所施設定義がなされたのだろうか。

　「施設はあなたが地域の仲間たちのつながりの中で暮らしていけるよう，一緒に考え，みんなで支え，準備をする場です。一生そこで過ごしていただく場ではありません。あなたは自分の住む場所を自分で決めることができます」

　周知の通り，2003年の国の障害者基本計画・第二次計画では，施設から地域への移行を提唱し，以後，入所施設建設に対して国の補助は実施していない。ところが，「真に必要なものに限定する」と計画には明記しながら，真に必要なものとは何にか，と定義せずに20年間黙したままだった。

推進条例が 23 年 4 月から実施される。県立施設の地域移行が実現していくことによって，神奈川からイタリアのバザーリア法が提示した精神病院入院患者ゼロに迫る改革がはじまる。国連障害者権利委員会のラスカス委員が，事件に遭遇した 3 名の利用者さんを訪問，同行された知事と交流された。

事件のあった施設では，3 名共に身体拘束をされていた。現在，1 名はグループホームで暮らし，2 名は施設外の場で実社会とつながる生産活動に参加している。施設から地域への実際に係る「建設的な対話」が，横浜の施設でおこなわれたと思う。国連の対日審査は双方が交わることのない対話だった。しかし，タイムラグで生じたラスカス委員の施設来訪は，権利条約と推進条例が交差し新たな希望をもたらすことになるだろう。

第 3 章はその実現に向けた導きでもある。施設における支援の質的転換が，施設という枠組を内側から崩し，新たな世界に向けた飛躍の展開を期待したい。本邦では，1993 年・障害者基本法，2003 年，措置制度廃止と支援費制度導入。2004 年・発達障害者支援法，2006 年・障害者自立支援法，2012 年・障害者総合支援法を実施した。

2014 年，障害者権利条約を批准した。障害のある人と暮らす家族，地域にとってこの 20 年の時の流れはどのような変化をもたらしたのか。本書第 4 章と第 5 章からその現実をうかがうことができ，第 6 章で具体事例を通した希望の灯を見ることができるだろう。

障害及び高齢福祉の現状は 20 年前に比して，よりよい変化がもたらされていると思われる。しかし，ケアという眼鏡を通して見える家族と地域の風景は少し違う。やはり，依然として今ある家族を前提としてた社会福祉の骨組みが透けて見えだろう。地域もその前提で組み立てられている。が，戦後 70 年余に生じた急激な人口流動化によって，大都市も地方も至るとこで地域共同体と呼ばれるような仕組みの存続と創生の困難に直面している。

生まれた地で育ち，齢を重ねていく安心と安定が不確かなになっている。30年続いている経済成長の停滞が，その傾向に拍車をかけている。漠然とした不

安感が社会を覆っている。「障害のある子が生まれた時から，親なき後まで生涯にわたってそれぞれの立場でさまざまな葛藤や困難を抱えやすい立場にある」(100頁)。家族が，心から依存できる社会の実現が，私たちが今を生きることへの課題となっている。その課題設定に異論はないだろうと思う。

　第4章冒頭，家族というモビールが真っすぐに保つことの困難。その困難と直面している家族の課題のあり様は，現代社会がつくりだしている。モビールのバランスが崩れる危機を誰もが有しているだろう。そのような危機に対応するために，私たちは「共生」する社会，社会的弱者を「包摂」する社会を構想してきた。社会を構成する小さな単位である「家族」という概念は，明治以降の社会の近代化の過程でつくられてきたものである。

　したがって，社会をつくり変えていくことによって，生き難さを抱えて困難にある人に対する配慮ある社会を実現できることは架空の話ではない。第5章「みんなのケア会議」(131頁)に，今ある社会を補強し，新たな希望に向う社会をつくり変えていくことの可能性を感じた。横浜の独自な制度であるケアプラザという機関が，地域で生じた課題に対して，多様な人たちが「寄り合う場」を設定して話し合う姿は素晴らしい。寄り合って話し合うことから，相互が当事者である意識が生まれる。他人事意識では地域を変えることができない。

　ケアプラザが地域の人々を「つなげる」機能として動いた。地域を変える営みは，このような小さな機能を活性化することが大切だ。同じように，生き難さという困難を抱え孤立している人を支えた事例が第6章に紹介されている。子どもを軸に多様な職種と人を「つなぐ」ことによって，自律的な自己回復をおこなった実践例は，社会が変わっていくことへの希望のピースを，私たち支援現場が手にしているのだと確認できるだろう。

　社会は家族，学校，町内会，職場等々の小さなピースが集まって形成されているジグソーパズルの様なものだ。社会学的な厳密さに欠けているが，比喩として課題を抱えて困難にある最少ピースを，多様な職種と人で「つなぐ」ことから社会的弱者に配慮する社会がつくられていく。

　「つなぐ」機能は，ケアマネジメント手法を駆使することによって成り立つ。

何故なら，現代社会が生み出した複合的な問題がケースに集約されているからだ。半世紀前に言い古された「個人的であることは政治的だ」という，個人に生じるところの様々な生き難さは，社会という構造がつくるものであり，社会のなかで生活する誰もが避けて通れないことだ。したがって，今，支援の場で生じている現象は，旧来のケースワークという関係性から解を求めていくことだけでは困難がある。今という時代を意識した支援が求められるだろう。

ケアマネジメント手法を実践展開するために，障害福祉における制度改革や法整備がなされた側面がある。障害のある子どもや大人は，家族，学校，地域などで実存的な生活を繰り広げている。その生活実態から生じる課題は，社会的であるがゆえに複合的，包括的なアプローチによって実存的な暮らしの中に人間を取り戻していくことが可能となるだろう。制度的にも「個別支援計画作成」「サービス担当者会議」「個別支援会議」「モニタリング会議」等が組込まれ，支援者と利用者との1対1対応という枠組みをこえていくシステムが準備されている。

社会的弱者といわれている人たちへの配慮を実施する社会に向けて，障害福祉に関わる人たちが，現実を動かし変えていく可能性を手にしている。その可能性を現実化させるためにも，私たち支援に関わる者が「支援とは何か」，その学びの意味，価値を再考することが求められている。

支援の場の最小単位は，支援される人と支援する人との対の関係性で構成されている。しかし，場であることは，人と人との関係だけが置かれているわけではない。青空の下なのか，コンクリートや木に囲まれた壁なのか，窓や天井からの光の入りはどうなのか，それらが混然となって場が醸す空気が両者を包む，それが支援という現場の風土である。また，支援される人も，支援する人も背後に見えない人間の関係性に色濃く染まっているだろう。

「ほんとうに大切なものは，このなかに入っている目に見えない何かなんだ」。双方から発せられる心身の波長が穏やかに響き合うのか，不安の海に導かれていくのか，場は意識・無意識の双方の関わりのあり様によって流動的なものとなる。したがって，その関係性は，一方向性ではなく双方向性であることが基

本だ。どちらかが，一方向の関わりに強圧的な要素を持ち込めば，場は不穏と
なり暴力的な事態に陥ることになるだろう。

「支援（Support）とは，基礎力を付ける指導（Training）から，要請に応え
る援助（Help）までを含む過程である」（81 頁）と第 3 章で明快に提示してい
る。支援の目標は「生きる力」を獲得することだという。人が生きていくため
に必要とされる生活機能を分類したのが ICF である。

ICF では「活動」「参加」のなかに，日常生活と社会活動に関す項目が 9 領
域に分けて列挙されている。また，アメリカ精神遅滞協会（AAMR：現
AAIDD，アメリカ知的障害・発達障害協会）は適応能力 10 領域を提示してい
る。この ICF の活動と参加，AAMR（現 AAIDD）の適応 10 領域を統合，再
構成して，「まなぶ・たのしむ（学習・余暇支援領域）」「くらす（自立生活支
援領域）」「はたらく（作業・就労支援領域）」「かかわる（コミュニケーション
支援領域）」（支援の 4 領域，85 頁）を，「生涯発達支援と地域生活支援に向け
た支援領域」として菅野敦氏が提案している。

筆者はこの場で上記の理論を論じる立場ではない。が，「指導」についての
再吟味，「生きる力」を獲得するための「支援の 4 領域」についても学ぶ必要
があると思う。施設の始まりは，利用者と支援者が共に育つ「共育」の場で
あった。が，施設の位置づけの政策転換によって，福祉が強調される傾向のな
かで，「生涯教育の場」であった施設風土が後退していき，施設の負の要素が
クローズアップされるようになっていったと思う。

本書を読まれる方が，支援者としての支援の理論，技法の獲得を望むのであ
れば，第 7 章「支援職の学び」を学び自己の支援論をつくりあげ，技法を磨く
研鑽を積まれることに期待したい。

障害者の自立に関する理論は多様で多彩だ。障害者の自立生活運動は，親や
家族，あるいは施設にしか依存することができなかった障害者が，地域のあら
ゆるものに依存できるように地域を作り上げていった。依存先が少なく，施
設にしか依存できない人の場合，施設で暴力を受けた場合，その被害から身を

守る依存先が見当たらない。入所施設の虐待は，利用者が依存することのできる先が少ないことから生じるのだろう。

　依存と自立とは対立するものではない。障害者にとって依存先が少ないことは，自立をするための条件が制限されることにつながる。健常者は成長する段階ごとに比例して依存先が増加していく。学業，就職，結婚，子育てなど困ったときに相談し，頼れる依存先が心身の安定を保障してくれるからだ。そのような事実を意識せずに，障害者は依存的な生き方をすべきでないとの主張は少なくない。このような主張は，健常者の偏見であり，差別につながることになるだろう。

　一方，精神障害者，身体障害者，脳性麻痺者，発達障害，依存症など多様な障害のある人たちが当事者研究を深めてきた。しかし，知的障害者の当事者研究は未開拓な状態にある。しかし，向谷地が語っている当事者研究についての考えは，問題解決のための技法ではなく，生活のなかで生じてくる現実の課題と向き合う「態度」だという。その視点から知的障害者が集まって話し合う会やPFの定例会をとらえなおすと，「べてるの家」向谷地生良氏が提唱している当事者理念に近いものであると思う。

　施設の利用者と支援者が，支援について双方向で話し合う場をもち，利用者が望む支援のあり方について検討している実践現場がどれだけあるだろうか。非言語性傾聴姿勢をもって関りをもたなければならない利用者との「話し合い」を，日常支援のなかでおこなっている支援者がどれほどいるのだろうか。

　「話し合う」という形式にとらわれていたら，何も理解できないだろう。「心で見なくちゃ，ものごとはよく見えないってことさ。かんじんなことは，目に見えないんだよ」［サン＝テグジュペリ，2000］。利用者さんがハートの目で，支援者を見ていることが実感できるれば「話し合う」ことができるんだけど。そのような体験ができると，利用者と支援者のこころが響きあう。

　支援の場で大切にしたいことは，支援者がこころの目をもって，利用者のこころの声を聴くことだと思う。大声で罵声を浴びせている，或いは自分の顔を激しく殴打しているなど，支援の場では利用者の多様な現象に戸惑うことに出

会う。そのような場で，支援者に求められることとは，その現象を適切に受け止め理解し，そのうえで適切にかかわることだ。

　適切に受け止めるという支援者の営みは，その現象に巻き込まれずに，利用者がとっている行動の背景やきっかけを探りながら，その人の障害特性と絡める知的な作業をおこなうことである。その営みが利用者理解にかかわっていくのだと思う。また，適切にかかわるということは，激しい現象に翻弄されている利用者に寄り添って，「辛かったね」「もう大丈夫だよ」などの情緒的な感情を届けることだと思う。

　支援者が利用者を理解するためには，支援の学びがなければ利用者のこころの声を聴くことができない。第7章「支援にとっての学び」は，支援の場における学びの不可欠性と協働する営みの大切に導くことになろう。「トラウマのメガネをかける」「トラウマのレンズを通して」（174頁）子どもをみることによって，逆境的小児期体験にあった子どもたちの，今を生きることの大変さを実感的にとらえることができる。そのうえで，こころの傷を受けて大変さのなかにある子どもと，どのようなかかわりをもったらよいのだろうかという支援の入り口にたどり着く。

　利用者支援のあり様は，支援のすべての過程に利用者の人権が確立され，一貫して利用者主体のかかわりが貫かれていることだと筆者は考えてきた。障害のある子どもから老いた人とのかかわりで，入職してから利用者を呼び捨てにしたことがない。そのことの大切さを，利用者から学んだ。気づきは孤立していては難しい。

　支援の場全体が，利用者，支援者ともにすべてが理解し合う，かかわりあうようなものでありたいと願う。正直に，ざっくばらんに話し合える支援の場には，素晴らしい支援の花が咲く。

　「障害がありなおかつ ACE やトラウマといった過酷な体験をした利用者（子ども）の方々の支援にあっては，実践と学びの両輪をもって取り組むことが期待される」（186頁）。本書を手にする方々の支援の場が，事例検討を通して，元気のでる，励まし合える場となることを願って筆を置く。

〔文献〕

カリフォルニア・ピープルファースト編／秋山愛子・斎藤明子（訳）　1998　私たち，
　　遅れているの？　知的障害者はつくられる　現代書館

河東田博　2013　脱施設化と地域生活支援：スウェーデンと日本　現代書館

神田橋條治　2006　「現場からの治療論」という物語　岩崎学術出版社

国際会議旅行団　1994　第3回ピープルファースト国際会議　感想・報告集

サン＝テグジュペリ／内藤　濯（訳）　2000　星の王子さま　岩波書店

障害者自立生活問題研究会編　1986　自立生活へのチャレンジ―アメリカの自立生
　　活プログラムに学ぶ

上田　敏　1983　リハビリテーションを考える―障害者の全人間的復権―　青木書
　　店

上田　敏　2013　ICF（国際生活機能分類）の理解と活用　人が『生きること』『生
　　きることの困難（障害）』をどうとらえるか. KS ブックレット5　きょうされ
　　ん・萌文社

執筆者紹介

（執筆順／＊は編者）

野崎秀次（のざき・ひでつぐ）──第1章
東京慈恵会医科大学医学部医学学科卒・医学博士課程修了
現在，社会福祉法人同愛会保人本部・医療顧問
論説：「強度行動障害への医療対応─その過去・現在・未来（医師の立場から）」（共著）心と社会，53巻，3号，2022年，日本精神衛生会，「知的障害を方に合併する精神・神経疾患の臨床─入院治療の実際を中心に」（共著）発達障害ベストプラクティス─子どもから大人まで─，精神科治療学，Vol.29，増刊号，2014年，星和書店
卒後，10年間小児科（特に小児精神科）の臨床医勤務。のち，精神科医に転向。十愛病院（精神科単科病院）の病院長を29年勤める。定年後，支援現場に携わっている。精神保健指定医，精神神経学会専門医・指導医。

＊是枝喜代治（これえだ・きよじ）──第2章・コラム
東京学芸大学大学院連合学校教育学研究科（博士課程）修了
現在，東洋大学福祉社会デザイン学部教授 博士（教育学）
主著：「自閉症児の運動発達」（単著）多賀出版，「運動・遊び・学びを育てるムーブメント教育プログラム100」（共編著）大修館書店，「特別支援教育に役立つ実践事例集」（編著）学研プラス
大学卒業後，特別支援学校（知的障害・病弱など）の教員としてさまざまな障害のある子ども達と関わってきた。その後，国立特別支援教育総合研究所の勤務を経て，現在，大学で社会福祉士等の実務家養成に携わっている。

伊藤　浩（いとう・ひろし）──第3章
東京学芸大学大学院教育学研究科修士課程修了
現在，社会福祉法人 幸会 理事長
主著：「成人期重度知的障害におけるADLスキルと知的機能との関係に関する研究」発達障害支援システム学研究，第2巻第1号，2002年；「知的障害者の退行・早期老齢化の評価尺度としての心身機能チェックリストの有効性に関する研究」発達障害支援システム学研究，第7巻第1号，2008年；「発達障害領域における国際生活機能分類ICFの活用─知的障害への実践」発達障害研究，第29巻第4号，2007年。
横浜国立大学教員養成学部養護学校教員養成課程を卒業後，地域作業所，知的障害者通所授産施設，知的障害者入所更生施設で支援員，相談員として従事してきた。この間，東京学芸大学大学院を修了し，その後，社会福祉法人幸会の理事長として障害福祉サービス事業の運営に携わっている。

滝島真優（たきしま・まゆ）——第4章
宇都宮大学大学院教育学研究科特別支援教育専攻修了（教育学修士）
現在，成蹊大学文学部特別研究員
主著訳書・論文等：「学校教育における慢性疾患や障害のある子どものきょうだい支援の課題」社会福祉学，64（4），44-57.「慢性疾患や障害のある子どものきょうだい支援の現状と課題—教育機関との連携の可能性—」目白大学総合科学研究，16，35-46.「就労支援サービス」（共著），弘文堂
大学院修了後，社会福祉士として障害のある方を対象とした就労支援，相談支援に従事。その後，大学にて社会福祉士，公認心理師の養成教育，障害者家族支援に関する研究に従事。栃木県を拠点にきょうだい会SHAMSを主宰。

遠藤　剛（えんどう・つよし）——第6章
淑徳大学社会福祉学部社会福祉学科卒業
現在，自身が小学校〜高校まで過ごした自治体（東京都福生市）で，障害のある子どもを持つ保護者の方が中心となって設立を予定している，「放課後デイサービス イッピー！」準備室に勤め，管理者兼児童発達支援管理責任者になる予定。
大学卒業後，埼玉県の社会福祉協議会（現場の指導員や地域福祉活動），東京都の精神科病院ソーシャルワーカー，横浜市の地域作業所・グループホームの設置・運営支援，同市の障害児者の相談支援，同市の地域療育センターではセンター長を歴任し，主に療育支援を中心に携わってきた。
業務の傍ら，神奈川県サービス管理・児童発達支援管理責任者研修の演習講師や横浜市相談支援従事者初任者研修の統括を歴任，横浜市放課後児童育成研修（障害理解）の講師，また東京都保育士キャリアアップ研修（障害児保育）の講師等を務めている。

＊蒲生としえ（がもう・としえ）——第7章
横浜国立大学大学院教育学研究科修士課程修了（教育学修士）
現在，社会福祉法人同愛会法人本部職員（嘱託）
主著：「LD児の指導の実際」（分担執筆）川島書店，「はじめての特別なニーズ教育」（分担執筆）川島書店，「ライフサイクルと心理臨床」（分担執筆）八千代出版
30年前は実施されることが少なかった成人知的障害者の個人／集団心理療法や，思春期のASD児をもつ親御さんのグループワークなどに入所施設の心理職として取り組んだ。現在は主に職員研修に従事している。

ASD・知的障害のある人の包括的支援

2023 年 7 月 25 日　第 1 刷発行

編著者　是　枝　喜　代　治
　　　　蒲　生　と　し　え

発行者　中　村　裕　二
発行所　㈲　川　島　書　店
〒 165-0026
東京都中野区新井 2-16-7
電話 03-3388-5065
（営業・流通センター）電話＆FAX 03-5965-2770

© 2023
Printed in Japan　　印刷・製本　モリモト印刷株式会社

落丁・乱丁本はお取替いたします　　　　振替・00170-5-34102
＊定価はカバーに表示してあります
ISBN978-4-7610-0950-2　C3011